"十四五"职业教育国家规划教材

Qiche Banjin Jishu
汽车钣金技术

(第4版)

谢伟钢　赵镇武　**主　编**
胡海涛　包志敏　韩东阳　**副主编**

人民交通出版社

北京

内 容 提 要

本书是"十四五"职业教育国家规划教材，主要内容包括：车身结构认知、前保险杠的更换和修复、前翼子板的更换和修复、前车门的修复和更换、前风窗玻璃的更换、前立柱的更换、后翼子板的更换、前纵梁的测量与校正、铝合金发动机舱盖的修复，共十二个学习任务。

本书为职业院校汽车车身修复专业的教材，也可供汽车维修及相关技术人员参考使用。

图书在版编目（CIP）数据

汽车钣金技术/谢伟钢，赵镇武主编. —4版. —北京：人民交通出版社股份有限公司，2024.11
ISBN 978-7-114-19443-6

Ⅰ.①汽… Ⅱ.①谢… ②赵… Ⅲ.①汽车—钣金工—职业教育—教材 Ⅳ.①U472.4

中国国家版本馆 CIP 数据核字（2024）第 054364 号

书　　名：	**汽车钣金技术（第 4 版）**
著 作 者：	谢伟钢　赵镇武
责任编辑：	翁志新
责任校对：	孙国靖　宋佳时
责任印制：	刘高彤
出版发行：	人民交通出版社
地　　址：	（100011）北京市朝阳区安定门外外馆斜街 3 号
网　　址：	http://www.ccpcl.com.cn
销售电话：	（010）85285911
总 经 销：	人民交通出版社发行部
经　　销：	各地新华书店
印　　刷：	北京市密东印刷有限公司
开　　本：	787×1092　1/16
印　　张：	11.75
字　　数：	202 千
版　　次：	2012 年 9 月　第 1 版 2016 年 3 月　第 2 版 2020 年 7 月　第 3 版 2024 年 11 月　第 4 版
印　　次：	2024 年 11 月　第 4 版　第 1 次印刷　累计第 10 次印刷
书　　号：	ISBN 978-7-114-19443-6
定　　价：	48.00 元

（有印刷、装订质量问题的图书，由本社负责调换）

职业教育改革创新教材编委会

（排名不分先后）

主　　　任：刘建平（广州市交通运输职业学校）
　　　　　　杨丽萍（阳江市第一职业技术学校）
副 主 任：黄关山（珠海城市职业技术学院）　　周志伟（深圳市宝安职业技术学校）
　　　　　　邱今胜（深圳信息职业技术学院）　　朱小东（中山市沙溪理工学校）
　　　　　　侯文胜（佛山市顺德区中等专业学校）韩彦明（佛山市华材职业技术学校）
　　　　　　庞柳军（广州市交通运输职业学校）　程和勋（中山市中等专业学校）
　　　　　　冯　津（广东合赢教育科技股份有限公司）邱先贵（广东文舟图书发行有限公司）
委　　　员：谢伟钢、孟　婕、曾　艳、王　锋（深圳市龙岗职业技术学校）
　　　　　　李博成（深圳市宝安职业技术学校）
　　　　　　罗雷鸣、陈根元、马　征（惠州工业科技学校）
　　　　　　邱勇胜、何向东（清远市职业技术学校）
　　　　　　刘武英、陈德磊、阮威雄、江　珠（阳江市第一职业技术学校）
　　　　　　苏小举、孙永江、李爱民（珠海市理工职业技术学校）
　　　　　　陈凡主（中山市沙溪理工学校）
　　　　　　刘小兵（广东省轻工高级职业技术学校）
　　　　　　许志丹、谭智男、陈东海、任　丽（佛山市华材职业技术学校）
　　　　　　欧阳可良、马　涛（佛山市顺德区中等专业学校）
　　　　　　周德新、张水珍（河源理工学校）
　　　　　　谢立梁（广州市番禺工贸职业技术学校）
　　　　　　范海飞、闫　勇（广东省普宁职业技术学校）
　　　　　　温巧玉（广州市白云行知职业技术学校）
　　　　　　李维东、冯永亮、巫益平（佛山市顺德区郑敬怡职业技术学校）
　　　　　　王远明、郑新强（东莞理工学校）
　　　　　　程　森（深圳技师学院）
　　　　　　程树青（惠州商业学校）
　　　　　　高灵聪（广州市信息工程职业学校）
　　　　　　黄宇林、邓津海（广东省理工职业技术学校）
　　　　　　张江生（湛江机电学校）
　　　　　　任家扬（中山市中等专业学校）
　　　　　　邹胜聪（深圳市第二职业技术学校）

第4版前言

"十二五"期间,人民交通出版社以职教专家、行业专家、专业教师、出版社编辑"四结合"的模式开发出了"职业教育改革创新教材",受到广大职业院校师生的欢迎。

为了紧跟汽车行业发展趋势,更好地适应汽车类专业教学需求,2015—2016年、2019—2020年,人民交通出版社股份有限公司分别组织修订出版了本套教材的第2版、第3版。2023年,本套教材中有两本被评为首批"十四五"职业教育国家规划教材。

《汽车钣金技术(第3版)》是首批"十四五"职业教育国家规划教材之一。随后,人民交通出版社启动了对本书的再次修订。此次修订,在第3版的基础上对各个任务进行了优化,删除了书中质量不高的插图和所有的流程图,增加和更换了大量的高清彩色插图;对第3版中的错漏之处和不严谨的文字表述进行了修改,使内容更加准确;适当增加了新技术、新工艺、新材料方面的内容;新增了课程思政元素;每个学习任务后都新增了练习题;配套的电子课件也进行了修订,在部分知识点处设置了二维码,链接了新制作的微视频等数字资源,有助于学生更形象地理解相关内容。

本书由深圳市龙岗职业技术学校谢伟钢、赵镇武担任主编,烟台汽车工程职业学院胡海涛、云南省红河州农业学校包志敏、深圳市鹏城技师学院韩东阳担任副主编,深圳市第二职业技术学校朱方闻担任参编。谢伟钢对全书进行统稿,并对学习任务一到学习任务四进行了修订。赵镇武对学习任务五进行了修订,制作了微视频,并对全书进行了多次核对。胡海涛对大部分图片进行了调整,并对学习任务六和学习任务七进行了修订。包志敏对学习任务九和学习任务十进行了修订。韩东阳对学习任务八和学习任务十一进行了修订,朱方闻对学习任务十二进行了修订。深圳市红彤汽车销售服务有限公司邓忠宇和华胜奔驰宝马奥迪龙岗店蔡国良为本书的修订提供很多宝贵意见,在此表示感谢。

限于编者的经历和水平,书中难免有不妥或错误之处,敬请广大读者批评指正提出修改意见和建议,以便重印或再版时改正。

职业教育改革创新教材编委会
2024年1月

目录 | CONTENTS

学习任务一　车身结构认知 ········· 1

学习任务二　前保险杠的更换 ········· 13

学习任务三　前保险杠的修复 ········· 28

学习任务四　前翼子板的更换 ········· 39

学习任务五　前翼子板的修复 ········· 50

学习任务六　前车门的修复 ········· 66

学习任务七　前车门的更换 ········· 80

学习任务八　前风窗玻璃的更换 ········· 92

学习任务九　前立柱的更换 ········· 105

学习任务十　后翼子板的更换 ········· 123

学习任务十一　前纵梁的测量与校正 ········· 139

学习任务十二　铝合金发动机舱盖的修复 ········· 162

参考文献 ········· 181

学习任务一

车身结构认知

知识目标

了解车身的整体构造和组成。

能力目标

(1) 能向顾客介绍车身各部位功能；

(2) 能向顾客介绍车身各部位名称和结构。

思政与素养目标

(1) 培养爱党报国、敬业奉献、服务人民的意识，理解"客户第一"的服务理念；

(2) 培养团队意识，服从安排。

建议学时

6学时。

学习情境描述

顾客想了解车身的结构和组成，需要你进行介绍，希望你能通过这次介绍活动，让顾客对企业产生好感，增加顾客对企业的信任。

一 资料收集

引导问题 1 车身前部结构是怎样的？

轿车车身一般采用承载式，如图 1-1 所示，它包括发动机舱盖前支承板、车身前围、前立柱、前横梁、车身后部等。

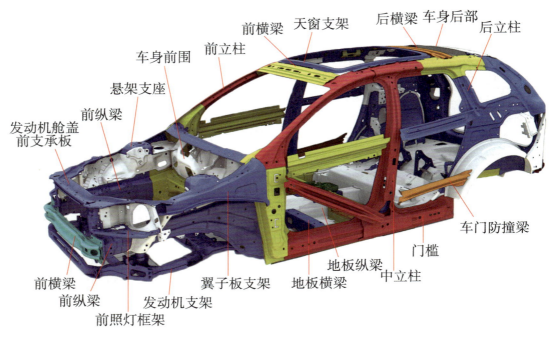

图 1-1　车身整体结构

车身前部是指客舱以前的车身部分，主要由覆盖件和结构件组成。汽车覆盖件是指包覆汽车骨架的表面部件，主要起外观装饰作用，在车辆使用过程中受力较小。汽车结构件是指承受各种载荷，保证车辆碰撞性能、耐久疲劳性能等的部件。承载式车身前部覆盖件包括：发动机舱盖，左、右前翼子板，左、右前轮罩等。车身前部横向承载结构件包括：前照灯框架、前横梁、发动机舱盖锁支架等。车身前部两侧纵向承载结构件包括：翼子板支架、挡泥板、悬架支座、前纵梁和轮罩等。

轿车车身前部一般为厢式结构，具有较强的刚性，用于安装发动机或/和电动机、转向装置和前悬架等部件，其主要功能包括形成发动机舱，为发动机或/和电动机及附件提供防护罩；体现车身造型设计要求；吸收碰撞能量；防止前轮甩泥等。

❶ 发动机舱盖

发动机舱盖需要达到的要求是：隔热隔音，自身质量小，刚性强。如图 1-2 所示，发动机舱盖一般由外板和内板组成，中间夹以隔热材料。内板一般为骨架形式，起到增强刚性的作用。为防止发动机舱盖在行驶中由于振动自行开启，发动机舱盖前端要有保险锁钩锁止装置，锁止装置开关设置在驾驶室仪表板下面。发动机舱盖打开时，需要使用撑杆或液压减振器支撑。

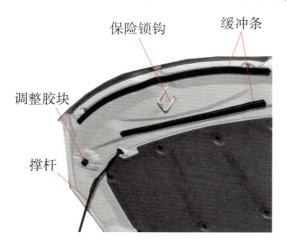
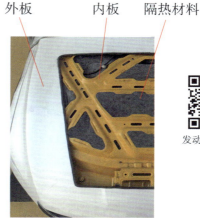

图 1-2 发动机舱盖

❷ 翼子板

翼子板是遮盖车轮的车身外板，因旧式车身该部件形状及位置似鸟翼而得名。前翼子板安装在前轮处，必须要保证前轮转动及跳动时的最大极限空间。

前翼子板一般是独立的，因为前翼子板碰撞概率比较高，独立装配方便整体更换。有的前翼子板采用一定弹性的塑性材料制成，塑性材料具有缓冲性，因而较安全。

如图 1-3 所示，前翼子板要与车门、发动机舱盖、前照灯、前保险杠等衔接，各部位衔接要和谐，浑然一体。

❸ 前纵梁

如图 1-4 所示，前纵梁是车身前部主要受力部件，它与车身主体连接，承受车身纵向力并传递给地板等其他部件，是动力总成、悬架支座、散热器支架等的基体。前纵梁变形对车轮定位影响较大，进而影响车辆的安全性和行驶性能。

前翼子板安装位置

图1-3 前翼子板

4 悬架支座

如图1-5所示,悬架支座与前纵梁和前翼子板支架连接,它用于固定悬架中的减振器和弹簧,悬架支座变形影响减振器和弹簧的安装,进而会造成异响或影响车辆的行驶性能。

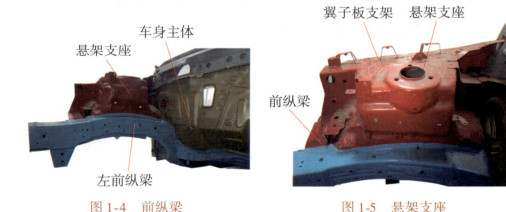

图1-4 前纵梁　　　　　　图1-5 悬架支座

5 副车架

使用承载式车身的轿车通常具有前后两个副车架,其结构如图1-6所示,副车架并非完整的车架,只是支承前后车桥、悬架的支架,使车桥、悬架通过它再与车身相连。前副车架支承发动机或/和电动机,纯电动汽车为了支撑前机舱的车载充电机、电源分配器、变频器等质量较大的电器元件,在前机舱还增加了支撑梁,如图1-7所示。

图1-6　前副车架

图1-7　车载充电机支撑梁

引导问题2　车身前围结构是怎样的？

轿车车身前围是分割车身前部与驾驶室的结构总成,它一般由前围上盖外板、前围板、前围侧板、转向柱支架等组成,如图1-8所示。

图1-8　前围

前围可以分隔前部和座舱;保证扭转刚度;改善舒适环境;提高撞车时的安全性;起到密封、隔振和隔音功能。

1 前围上盖板

如图1-9和图1-10所示,前围上盖板一般由上盖板外板、上盖板内板以及加强板等构件焊接而成。上盖板通过两侧的端板与车身左右侧围的前支柱焊接,是决定车身扭转刚度的主要结构组件。

前围上盖板还有以下功能:保证与发动机舱盖后端的配合关系,保证对发动机舱的密封;合理布置刮水器,合理布置进风口的位置和大小,确保进气间隙和进气量;设置风窗玻璃的支撑位置,保证装配的精度要求等。

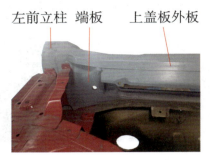

图1-9 前围上盖板

图1-10 前围板

2 前围板

前围板是指发动机舱与车厢之间的隔板，它和地板、前立柱连接，安装在前围上盖板之下。前围板上有密封措施和隔热装置，可以防止发动机舱里的废气、高温气体、噪声窜入车厢。同时，前围板上有许多孔，拉线、拉杆、管路和电线束由这些孔通过，例如可以让空调管路、发动机舱盖拉线等通过，它还要配合踏板、转向柱等机件的安装定位。

从材料上看，前围板多采用夹层减振钢板，并采用具有隔音、隔热和减振作用的石棉垫、隔音板。为提高车辆安全性能，前围板应具有足够的强度和刚度。

引导问题3 车身地板结构是怎样的？

车身地板结构是车身底部支承部分，如图1-11所示，车身地板总成主要包括地板、加强梁、门槛、支架、地板通道等。

图1-11 车身地板总成

车身地板的作用是形成车身底部,承受并传递垂直、纵向及横向力,为座椅等提供安装支撑。因此,车身地板结构应有足够的强度和刚度,保证车身的承载能力。地板在车身底部容易腐蚀,因此还需密封、防腐。

❶ 地板梁

地板梁可以传递撞击力,它是地板的结构加强件,地板梁焊接在地板上,是车身地板结构的重要承载构件。地板梁包括横梁、纵梁和其他加强梁(例如发动机支架)。

❷ 门槛

门槛是支撑车身侧围的前、中和后支柱的下边梁,门槛与地板连成一个整体。因为门槛碰撞概率比较高,为了增大吸收撞击能量,一般将其设计成封闭端面,如图1-12所示。为提高强度和侧面碰撞安全性,有时在门槛的断面结构内加设加强板。

车身地板除了地板梁和门槛以外,还有支架和地板通道。支架是车身底部的连接、支托构件,主要包括地板纵梁的外伸支架、连接支架和安装固定支架等。地板通道是覆盖变速器及允许传动轴和排气管等通过的地板凸起结构,它能起到加强地板刚性的作用。

纯电动汽车车身地板和燃油汽车车身地板不同,因为纯电动汽车车身需要承载质量较大的电池,通常动力蓄电池安装在车身地板下面,如图1-13所示,所以,纯电动汽车车身地板需要更高的强度和硬度。为了能适应承载的要求,纯电动汽车车身地板在冲压时制有很多加强筋来增加强度和硬度。

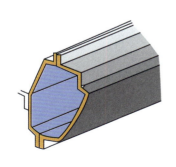

图1-12 门槛结构

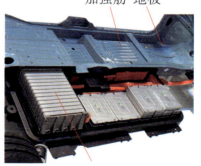

图1-13 纯电动汽车车身地板

引导问题4　车身侧围结构是怎样的？

　　轿车车身侧围是组成座舱的重要结构总成,如图1-14所示,主要由侧围梁框架、立柱、后翼子板和后轮罩等构件组成。其功用是:构成车身侧面,提供人员出入通道;承受、传递三个方向的力;安装附件。

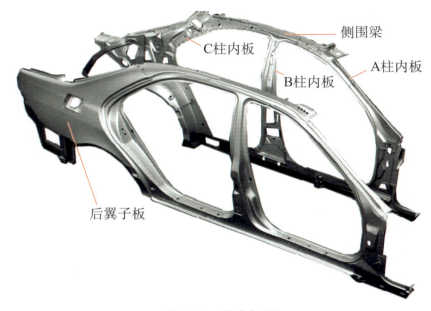

图1-14　车身侧围

1　侧围梁

　　侧围梁框架是支撑顶盖,连接车身前、后部分的侧面构件,它是用于固定前、后风窗玻璃,安装车门以及保证车身侧面碰撞安全性的承载框架。侧围梁一般由内、外板件冲压焊接而成,具有较大的抗弯和抗扭刚性及强度。

2　立柱

　　立柱分为前立柱(又称A柱)、中立柱(又称B柱)和后立柱(又称C柱)。立柱是车身承载框架的重要组成部分,立柱端面形状和尺寸的设计要满足构件的承载刚性和强度。前立柱用于支撑顶盖,安装前风窗玻璃、前车门、仪表板支架,承受并传递垂直力、纵向力,它包括外板、内板和加强版。

　　中立柱位于前门和后门之间,其主要功用是支撑车身顶盖;支撑前、后车门;

用于安装安全带等附加零部件；承受并传递垂直力、侧向力。在车身发生严重事故时，中立柱对保证乘员舱的完整性起到很大的作用。

后立柱其断面形状应设计出后风窗玻璃的安装止口，以及与后车门的配合止口。后立柱常具有较大的断面形状，在其上设计有车内通风的气流出口。后立柱具有支撑顶盖、安装后风窗玻璃、安装后车门锁、承受并传递垂直力和纵向力的功用。

引导问题5　车身顶盖结构是怎样的？

车身顶盖可以分为固定式和敞篷式，固定式顶盖是常见的轿车顶盖形式。如图1-15所示，车身顶盖由前、后横梁和左、右侧梁来支撑，并焊接在其上，从而增加了刚度和强度，在汽车侧翻时起到保护乘员的作用。

图1-15　车身顶盖的支撑

有的顶盖上设有天窗，能兼顾敞篷式顶盖和固定式顶盖的优点，方便享受阳光和新鲜空气。天窗结构如图1-16所示，主要由玻璃窗、滑轨、密封条和驱动机构组成。

图1-16　天窗组成

引导问题6　车身后部结构是怎样的？

车身后部主要功用是：形成行李舱；被追尾撞击时，吸收碰撞能量；安装附件、备胎等。两厢车和三厢车的后部结构不同，两厢车的后部结构主要由背门和门框组成。如图1-17所示，三厢车的后部结构主要由后窗台板、后围、后防撞梁、行李舱盖、行李舱等组成。行李舱由行李舱盖支撑框架及各种连接板和加强板组成。

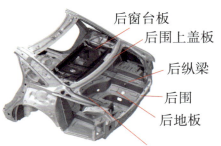

图1-17　车身后部结构

后防撞梁包括横梁和纵梁，如图1-18所示，纵梁一般采用钢材质；横梁采用钢材质或树脂材料，通常在横梁后面还配有泡沫材料，以便于碰撞时缓冲。防撞梁在高速碰撞时能吸收碰撞能量，从而提高车辆的安全性能。

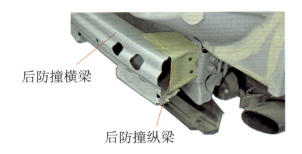

图1-18　后防撞梁

二　评价与反馈

对本学习任务进行评价，见表1-1。

评分表　　　　　　　表1-1

考核项目	评分标准	分数（分）	学生自评	小组评价	教师评价	小计
安全停车	停稳车辆后，拉起驻车制动器操作杆	5				
活动参与	是否积极主动	5				
安全操作	举升机操作规范	5				
现场5S	是否做到	5				
任务方案	是否正确、合理	5				

学习任务一 车身结构认知

续上表

考核项目	评分标准	分数(分)	学生自评	小组评价	教师评价	小计
操作过程	在车辆前面的介绍；在车辆侧面的介绍；在车辆后面的介绍；在车辆下面的介绍	65				
劳动纪律	是否能严格遵守	5				
工单填写	是否完整、规范	5				
总分		100				
教师签名：			年　月　日		得分	

练习题

一、单项选择题

1. 轿车车身常用（　　）。
   A. 承载式　　　B. 非承载式　　　C. 半承载式

2. （　　）是前车身主要受力部件，是安装动力总成等的基体。
   A. 前纵梁　　　B. 前立柱　　　C. 前横梁

3. 具有前立柱、中立柱和后立柱的是（　　）。
   A. 前围　　　B. 侧围　　　C. 后围　　　D. 车身前部

4. 车身顶盖由顶盖前横梁、后横梁和顶盖侧梁来支撑，并（　　）在其上。
   A. 拼接　　　B. 铆接　　　C. 粘接　　　D. 焊接

5. 后窗台板是属于（　　）的结构。
   A. 两厢车后部　　　　B. 两厢车前部
   C. 三厢车后部　　　　D. 三厢车前部

二、多项选择题

1. 车身前部主要由（　　）组成。
   A. 金属件　　　B. 结构件　　　C. 覆盖件　　　D. 塑料件

2. 发动机舱盖主要由（　　）组成。
   A. 外板　　　B. 支撑板　　　C. 内板　　　D. 隔热材料

3. 前翼子板和下面（　　）衔接。
   A. 前车门　　　B. 发动机舱盖　　　C. 前照灯　　　D. 前保险杠

4. 车身前围有(　　)功能。

　　A. 密封　　　　　　　　　　B. 保证扭转刚度

　　C. 隔音　　　　　　　　　　D. 分隔前部和座舱

5. 地板梁包括(　　)。

　　A. 地板横梁　　　　　　　　B. 地板纵梁

　　C. 地板加强梁　　　　　　　D. 元宝梁

学习任务二

前保险杠的更换

知识目标
(1) 叙述保险杠的作用；
(2) 熟悉汽车保险杠的结构。

能力目标
(1) 规范地拆装汽车前保险杠；
(2) 能对安装好的汽车前保险杠进行检验；
(3) 能目测判断轿车前保险杠配合间隙是否正常。

思政与素养目标
(1) 养成工作中良好的着装习惯，展示中国工匠可信的形象；
(2) 养成工作中良好的卫生习惯。

建议学时
6学时。

学习情境描述

在一次事故中，一辆卡罗拉1.6L轿车的前保险杠被撞裂，需要你对其进行更换。

一 资料收集

引导问题 1 对轿车前保险杠的要求有哪些？

轿车前保险杠位于轿车车身的最前端,如图 2-1 所示。轿车前保险杠具有装饰、缓冲、保护等作用。

现代轿车都追求车身的美感,前、后保险杠的外部造型和颜色应与车身整体协调一致,这要求保险杠具备较好的涂装性能。当汽车在低速发生碰撞时,前保险杠可以保护前照灯、空调散热器等部件。在车辆发生纵向碰撞时,保险杠起一定的缓冲、保护作用,保护驾驶人及乘客的安全,还能在一定程度上减轻被撞人或物的伤害程度。因此,保险杠应具有一定的强度和刚度。

图 2-1 前保险杠的位置

另外,前保险杠要满足车身空气动力性的要求,最大限度地降低汽车行驶阻力。前保险杠还应具有较小的质量,满足车身轻量化要求,以提升燃油汽车的燃油经济性或降低电动汽车的耗电量。

引导问题 2 轿车前保险杠的结构是怎样的？

货车保险杠是安装在车架上的,轿车一般采用的是承载式车身,其前保险杠安装在前横梁上。轿车前保险杠总成由外板、缓冲材料、前横梁(图 2-2)、加强梁和支架组成。缓冲材料又称保险杠能量吸收器,它由泡沫制成,位于保险杠本体内侧和横梁之间,在汽车碰撞时能吸收能量。保险杠横梁又称保险杠防撞杆,它通过螺栓固定在车身纵梁上,通常由薄钢板冷轧而成。为了减小质量,少数高档轿车前横梁采用铝合金制成。

前保险杠两侧上端通过卡爪固定在前保险杠支架上,如图 2-3 所示,前保险杠支架用螺钉或螺栓固定在前翼子板上,其上有卡爪安装口,便于前保险杠卡爪的安装。前保险杠两侧端面用螺钉或螺栓固定在翼子板上。保险杠上端通过螺栓及卡扣固定在散热器框架上,保险杠下端连接在车身地板下和防沙板上。

学习任务二　前保险杠的更换

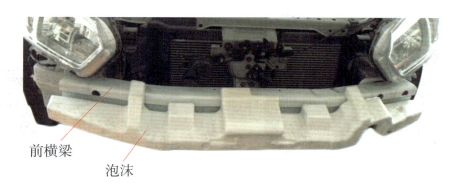

图 2-2　保险杠缓冲材料和前横梁

前保险杠上方装有空气导流板,以便于迎面空气流动给发动机散热。如图 2-4 所示,前保险杠上部和下部都安装了散热器格栅,在汽车行驶时,以便于流动的空气给空调散热器和发动机散热器散热。前保险杠上预留有侧孔,孔上有盖,便于牵引车辆时安装挂钩。前保险杠中间部位便于汽车牌照安装,在牌照安装处上端还安装有车标。

图 2-3　前保险杠支架

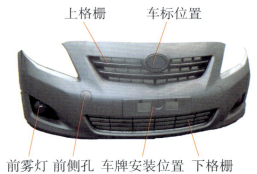

图 2-4　前保险杠结构

引导问题3　卡子与卡爪的拆卸方法？

车身上常采用卡子（图 2-5）来连接或固定塑料板件,一般采用卡子拆卸工具、钳子、螺丝刀或宽刮刀来拆卸未带销轴的卡子,见表 2-1。拆卸有销轴的卡子,先要推入、拧开或撬开销轴,见表 2-2。如果操作过程中卡子损坏,必须使用新卡子进行更换。车身零件中使用了很多的卡爪,拆卸时要使用螺丝刀脱开卡爪,拆下罩或盖。

15

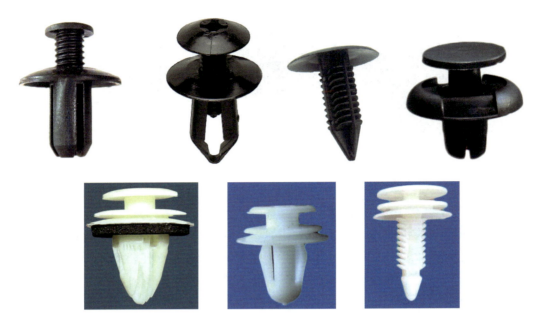

图 2-5　卡子的类型

未带销轴的卡子拆卸方法　　　　　　　　　　　　　　　　　　　表 2-1

卡子类型	拆卸方法	拆卸方法说明
		使用卡子拆卸工具从上表面拆下卡子,或使用钳子从下表面拆下卡子
		使用卡子拆卸工具或螺丝刀拆下紧固件

学习任务二 前保险杠的更换

续上表

卡子类型	拆卸方法	拆卸方法说明
		使用宽刮刀拆卸卡子以防止损坏面板

带销轴的卡子拆卸方法　　　　　　　　　　　表2-2

卡子类型	拆卸方法	拆卸方法说明
		推入卡子中间的销轴，撬开销壳，以拆下卡子
		使用螺丝刀拧开销轴，撬开销壳，拆下卡子
		撬开销轴，然后撬开销壳，以拆下卡子

17

引导问题 4 钣金作业时,需要注意哪些人身安全问题?

在进行钣金作业时,要根据维修作业的不同,选择合适的手套、防护眼镜、面罩、听力保护器等保护用品,采用正确的措施,注意遵守安全事项,具体包括以下几项。

(1)务必身着清洁的工作服,必须戴好帽子,穿好安全鞋。

(2)接触锋利的元件时,必须戴上防割防刺手套(图2-6);接触灼热的元件时,必须戴上隔热手套(图2-7)。

图2-6　防割防刺手套　　　图2-7　隔热手套

(3)使用砂轮机、动力钻等工具时,必须戴好眼罩(图2-8)。

(4)在焊接时,须戴专用的手套(图2-9),要佩戴防护面罩(图2-10);焊接后要避免被焊件灼伤。

图2-8　眼罩　　　图2-9　焊接手套　　　图2-10　焊接防护面罩

(5)在使用气动铲等作业时,噪声可能高达90dB,必须戴听力保护器,如钣金耳罩(图2-11)。

(6)车下作业或者进行拉伸校正操作时要戴硬质安全帽。

(7)在使用工具、设备、材料前,要先了解其注意事项,例如在举升车辆前,要学习举升机使用规定及安全注意事项。

(8)钣金作业时,不能吃东西、喝水或吸烟,避免黏结剂、金属微粒等对呼吸器官等造成伤害。车间内要注意防火,不要在可燃材料周围进行焊接或切割等。

图2-11　钣金耳罩

(9)很多轿车的电子风扇,在关闭点火开关后,依然可能启动,维修时要注意,勿将手或工具触及风扇叶片转动的范围内。

(10)使用车身修复机、焊机等设备时,注意导线的胶皮是否老化致使金属导线裸露,应该接地的设备是否接有地线。

(11)在进行车身焊接前,为防止损坏电控单元(俗称电脑),需要断开蓄电池负极电缆。

(12)涉及安全气囊相关的操作,如果未按正确的顺序进行维修操作,可能会导致维修过程中安全气囊意外展开,并造成严重的人身伤害。

因为安全气囊配有备用电源,所以必须在点火开关置于OFF位置,且已断开蓄电池负极电缆至少90s后,才能开始操作。如果在维修过程中可能会碰撞到安全气囊传感器,则应在维修前拆下安全气囊传感器总成。

二　实施作业

引导问题5　作业需要哪些工具、设备和材料?

(1)工具及设备:卡子拆卸工具(图2-12)、一字螺丝刀、十字螺丝刀、快速扳手、接杆、套筒(10mm)、钣金专用货架(图2-13)、举升机。

(2)材料:卡子(有些卡子会在拆装之前或拆卸过程中损坏,所以要准备一些卡子备用)、新前保险杠。为防止新前保险杠损伤,安装前将其放在支撑架上(图2-14)。

图 2-12　卡子拆卸工具　　图 2-13　钣金专用货架　　图 2-14　保险杠支撑架

引导问题 6　通过查询和查找，填写以下信息。

通过查找车辆识别代码，可以准确地找到需要更换零部件的型号。车辆识别代码印在车身上，发动机编号印在发动机汽缸体和汽缸盖罩上。

生产年份：_____，车牌号码：_____，行驶里程：_____ km，发动机编号及排量：_____，车辆识别代码（VIN）：_____。

每个学习任务均需要查找 VIN 信息，后面不再重复。

引导问题 7　作业前的准备工作有哪些？

（1）汽车进入工位前，将工位清理干净，准备好相关的器材。
（2）将车停稳后，把变速杆置于空挡或驻车挡（P 位置），拉紧驻车制动器操纵杆或按下驻车制动开关。
（3）套上转向盘护套、变速杆手柄套和座椅套，铺设脚垫。
（4）粘贴翼子板磁力护裙。
（5）拉起发动机舱盖释放杆。

养成将车钥匙带离驾驶室的习惯，以防未拔下车钥匙时，车门自动锁止。作业中需要频繁进入驾驶室，为防止自动锁止车门，要降下左前侧车窗玻璃。

引导问题 8　更换前保险杠需要注意哪些事项？

（1）拆装时要避免划伤前翼子板等处的油漆。
（2）举升车辆时要注意：使用四柱式举升机时，必须使用车轮挡块固定车辆；

学习任务二　前保险杠的更换

使用摇臂式举升机支撑车辆时,必须选择好支撑车辆的规定位置,如图2-15所示。在车辆升高大约150mm时停止举升,确认车辆在举升机上处于平衡状态;在达到举升位置时,要锁住举升机安全钩;需要较长时间完成的作业,不要单独使用液压千斤顶支撑车辆,需要使用有附加橡胶防滑套的支撑架来支撑,如图2-16所示。

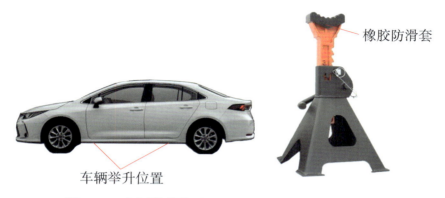

图2-15　车辆举升位置　　　图2-16　支撑架

（3）对损坏的前保险杠横梁修复后,因达不到原来的强度,如果再次发生碰撞事故时起不到保护作用,因此,对损坏后的横梁不建议修复,而应予更换。

（4）盖上发动机舱盖时,使发动机舱盖从高约300mm处自由落下,应听到锁止声。为避免人员受伤,每次关闭发动机舱盖时必须注意不要有人员位于其关闭区域内。关好发动机舱盖后,用手向上拉动发动机舱盖,确认其处于锁紧状态。

引导问题9　怎样拆卸和安装前保险杠？

前保险杠的拆装

1　从车上拆卸前保险杠

（1）使用卡子拆卸专用工具,拆下卡子和散热器上空气导流板,如图2-17所示。拆下散热器格栅防护罩螺钉。

图2-17　拆下空气导流板

> **注意**
>
> 将拆卸下来的卡子、螺钉及部件规范地存放。将卡子存放在专用的存放盒内,空气导流板可以存放在汽车行李舱、钣金专用货架上或其他不会被挤压处。

(2)使用螺丝刀,分别将前保险杠两侧固定卡子(有些车辆用固定螺钉固定)拆下,如图2-18所示。在拆卸固定卡子时,需要将销转动90°。拆卸时要避免划伤前翼子板等处的油漆。

(3)拆卸前保险杠下面的固定螺钉,如图2-19所示。

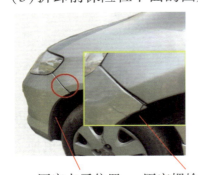

固定卡子位置　　固定螺栓位置

图2-18　保险杠固定卡子和固定螺栓位置

图2-19　拆下前保险杠下固定螺钉

需要拆装保险杠下面的卡扣及螺钉,建议初学阶段在举升车辆的情况下,拆装保险杠。熟悉保险杠的固定方式后,在不举升车辆的情况下,拆卸和安装保险杠,但需要注意使用车轮挡块固定车辆。

前保险杠　前雾灯插接器　前雾灯

图2-20　断开前雾灯插接器

(4)脱开前保险杠两端和保险杠支架相连的卡爪,拆下前保险杠总成,断开前雾灯插接器,如图2-20所示。

有些车辆带有侦测声呐系统及前照灯清洗装置,需要断开侦测声呐系统插接器后,使用容器盛装排放的前照灯清洗剂,再彻底将保险杠与汽车分离。将拆卸下来的保险杠置于保险杠支撑架上。

❷ 检查前保险杠及附近部件

如图2-21所示,检查前保险杠缓冲材料、前横梁、保险杠支架等有无损坏的痕迹,若有损坏,需要及时进行维修或更换。检查前保险杠附近的空调冷凝器、冷却系统散热器、前纵梁、前照灯等处有无损坏。

图2-21　检查前保险杠及附近部件

3 分解前保险杠

将未损坏的附件拆卸下来,再重新安装至新保险杠上。

(1)拆卸固定散热器格栅防护条的3个卡子,拆卸散热器格栅防护条,如图2-22所示。

(2)拆下散热器格栅防护条下的6个卡子。从前保险杠的背面脱开卡爪、导销,脱开卡爪时需采用一字螺丝刀撬动卡爪,如图2-23所示,拆下固定螺钉,拆下中央散热器格栅分总成。

图2-22　拆卸散热器格栅防护条　　图2-23　拆卸中央散热器格栅卡爪

(3)按同样的方法,拆卸下散热器格栅及防护条。

(4)脱开卡爪A和B,拆卸车标,如图2-24所示。

(5)拆卸左、右雾灯固定螺钉,小心地拆下左、右雾灯总成。

图 2-24　拆卸车标

❹ 安装附件

将附件按拆卸相反顺序安装于新保险杠上,将保险杠按拆卸相反顺序安装于车辆上。

❺ 检查及调整保险杠配合间隙

用螺栓或螺钉固定保险杠时,必须进行间隙调整,使各处间隙均匀,且符合标准间隙(3.7±1.5)mm。前保险杠配合间隙如图 2-25 所示,包括与发动机舱盖的间隙,与前左、右翼子板的间隙,与左、右前照灯的间隙。

检查保险杠有无起角,如图 2-26a)所示就属于明显的起角,这样会影响美观。

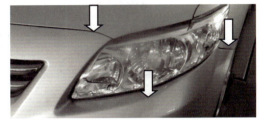

图 2-25　前保险杠配合间隙

保险杠起角的原因一般包括:保险杠本身变形、装配不到位、保险杠内侧横梁或其他部件被撞变形。如果检查横梁等部件没有变形,应对保险杠进行调整,若不能改变起角现象,就需要对保险杠进行修复,在下一节将讲述修复的方法,修复装配后效果应如图 2-26b)所示。

a)起角

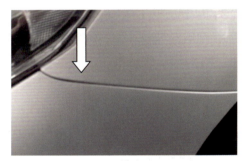

b)正常

图 2-26　前保险杠起角

❻ 检查及调整雾灯对光

没有正确安装雾灯灯泡,会影响雾灯对光。应在执行调整程序之前先检查灯泡安装情况。调整雾灯对光时,在车身高度正常的情况下,用螺丝刀转动对光螺钉,如图 2-27 所示。将两个雾灯的光线调整到平直的前方。转动对光螺钉时,对光螺钉的最后一转应该是按顺时针方向。如果螺钉紧固过度,则应将其拧松后再次拧紧。

学习任务二 前保险杠的更换

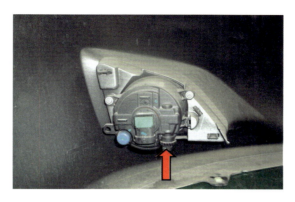

图 2-27 雾灯调整螺钉位置

 整理场地

清理工具、量具及设备,打扫卫生。

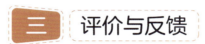

对本学习任务进行评价,见表 2-3。

评分表　　　　　　　　　　　　表 2-3

考核项目	评分标准	分数(分)	学生自评	小组评价	教师评价	小计
团队合作	是否和谐	5				
活动参与	是否积极主动	5				
安全生产	有无安全隐患	10				
现场5S	是否做到	10				
任务方案	是否正确、合理	15				
操作过程	前保险杠的拆卸; 前保险杠的分解; 前保险杠的安装; 前保险杠的检验	30				
任务完成情况	是否圆满完成作业	5				
工具和设备使用	是否规范、标准	10				

续上表

考核项目	评分标准	分数(分)	学生自评	小组评价	教师评价	小计
劳动纪律	是否能严格遵守	5				
工单填写	是否完整、规范	5				
总分		100				
教师签名:			年	月	日	得分

练习题

一、单项选择题

1. 保险杠泡沫位于(　　)。
   A. 保险杠本体外侧　　　　　　　　B. 防撞横梁后侧
   C. 保险杠本体内侧和防撞横梁之间　D. 防撞纵梁后侧

2. 前保险杠两端固定在(　　)。
   A. 挡泥板上　　　　　　　　B. 减振器塔座
   C. 前立柱　　　　　　　　　D. 前保险杠支架

3. 将点火开关打到 OFF 挡位时,仍然可能自动启动的是(　　)。
   A. 电动压缩机　B. 电子风扇　　C. 发动机　　D. 起动机

4. 可以用来较长时间支撑车辆的是(　　)。
   A. 机械支撑架　　　　　　　B. 液压千斤卧顶
   C. 液压千斤顶　　　　　　　D. 摇杆千斤顶

5. 更换保险杠后必须检查(　　)。
   A. 远光灯　　　　　　　　　B. 近光灯
   C. 前雾灯　　　　　　　　　D. 前转向信号灯

二、多项选择题

1. 前保险杠具有(　　)作用。
   A. 装饰　　　　B. 缓冲　　　　C. 支撑　　　　D. 保护

2. 前保险杠总成由(　　)组成。
   A. 外板(前保险杠) B. 泡沫　　　C. 前横梁　　　D. 支架

3. 使用(　　)时,需要戴听力保护器。
   A. 气动铲　　　B. 气动锯　　　C. 气枪　　　　D. 气动钻

4. 与前保险杠衔接的部位包括(　　)。

A. 左前轮 B. 发动机舱盖
C. 右翼子板 D. 左前照灯
5. 前保险杠起角的原因包括(　　)。
A. 前横梁变形 B. 前保险杠支架变形
C. 装配不到位 D. 前保险杠变形

学习任务三

前保险杠的修复

知识目标

(1) 叙述前保险杠由哪些材料制成；

(2) 叙述前保险杠的修复流程。

能力目标

(1) 能规范且熟练地拆装前保险杠总成；

(2) 能对前保险杠进行矫正及焊接。

思政与素养目标

(1) 养成良好的协作习惯；

(2) 养培养正确的质量强国意识。

建议学时

8学时。

学习情境描述

一辆卡罗拉1.6L轿车，前保险杠被撞后出现凹陷和撕裂现象，需要你对前保险杠进行修复。

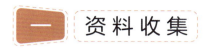

一 资料收集

引导问题 1 前保险杠是由什么材料制成的？

根据制造材料的不同，保险杠材料可以分为钢材、铝合金、玻璃纤维增强塑料和塑料等类型。钢材保险杠主要应用于货车，玻璃纤维增强塑料保险杠一般应用于中小型客车。玻璃纤维增强塑料俗称玻璃钢，它是以玻璃纤维及其制品（玻璃布、带、毡、纱等）作为增强材料，以合成树脂作基体材料的一种复合材料，通过其裂口可以明显地看出其材质。铝合金保险杠一般用于越野车和小型客车。塑料代替金属可以获得轻量化的效果，又可改善汽车的某些性能，因此，绝大多数轿车目前使用的是塑料保险杠。

塑料是以合成树脂为基体，加入某些添加剂制成的高分子材料。加入添加剂是为了改善塑料的性能，扩大其使用范围。

引导问题 2 塑料分为哪两大类？各有哪些维修方法？

塑料有着便于加工等众多优点，所以汽车材料中塑料制品占到 15%。塑料可以分为热塑性塑料和热固性塑料。

汽车前、后保险杠一般都采用热塑性塑料。热塑性塑料在被加热至软化点后，具有一定的流动性，所以加工成型方便。热塑性塑料耐热性能差，容易变形。可以使用焊接修复，也可以采用黏接修复。轿车上的保险杠、燃油箱、车内饰板等一般为热塑性塑料。热塑性塑料有聚乙烯、聚丙烯、聚甲醛等类型。

热固性塑料受压不易变形，力学性能较差。其硬化后获得永久形状，加热会使其烧焦，不能重新成型，更不能焊接，维修时只能采用黏接的方法，常用于汽车上的有点火线圈及印刷板电路等。热固性塑料有环氧树脂、酚醛树脂等类型。

区分热固性塑料和热塑性塑料时，可将加热焰炬距离塑料约 25mm 加热 10s 左右，如果不能变软，即为热固性材料。

引导问题 3 ▶ 怎么确定前保险杠是需要维修还是更换?

根据前保险杠的损坏程度,可以分为轻度损坏、中度损坏和严重损坏。保险杠轻度损坏一般是指保险杠表面有刮痕。保险杠中度损坏,一般是指保险杠变形不大的损坏,例如有小的裂缝、撕裂、凹槽或孔等。前保险杠因为更换成本较高,对其轻度损坏和中度损坏进行维修是合理的。保险杠严重损坏后,保险杠损坏面积较大或裂纹较多,缓冲材料及前横梁也可能损坏,此时,应将前保险杠总成进行更换。总而言之,当维修成本超过或接近新部件的成本时,应选择更换保险杠。

引导问题 4 ▶ 塑料焊接需要注意什么问题?

对于前保险杠一般采用焊接的维修工艺,有变形的前保险杠还需要加热矫正。塑料件焊接一般选择如图 3-1 所示的热空气塑料焊枪或使用安装焊接喷嘴的热风枪(图 3-2),热空气塑料焊枪喷嘴较小,喷出的热量比较集中,适用于焊接。它能加热温度至 230～340℃,通过喷嘴喷到塑料上。加热矫正需选安装递减式喷嘴的热风枪,热风枪递减式喷嘴较大,喷出的热量比较分散,适用于加热矫正。在加热需要矫正的保险杠后,可以推动热枪滚辊进行矫正。

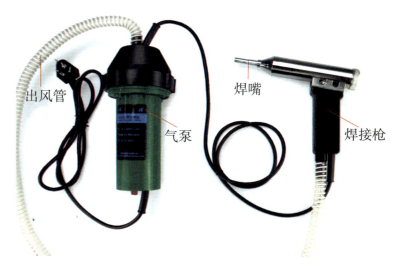

图 3-1 热空气焊枪

塑料焊接和钢铁焊接是不同的,钢铁焊接是金属和焊条互熔冷却连接在一

学习任务三　前保险杠的修复

起,而塑料焊接是利用热量把塑料基料和焊条加热或单独把焊条加热至熔融状态后使之黏接在一起。

图 3-2　热风枪

（1）因塑料的导热性极差,容易烧焦,所以在焊接时都是采用非明火加热。

（2）焊接时,为了达到好的接合力,对塑料焊条要施加压力。

二　实施作业

引导问题5 作业需要哪些工具、设备和材料?

（1）工具及设备：塑料焊钢钉加热枪、塑料焊使用的钢钉、卡子拆卸工具、一字螺丝刀、十字螺丝刀、快速扳手、接杆、套筒（10mm）、热空气塑料焊枪、砂带机、大小塑胶盒（图3-3）等。

（2）材料：卡子、塑料焊条（图3-4）等。

图 3-3　塑胶盒　　　　图 3-4　塑料焊条

引导问题 6 作业前的准备有哪些?

(1) 汽车进入工位前,将工位清理干净,准备好相关的器材。
(2) 将变速杆置于空挡或驻车挡(P位置),拉紧驻车制动器操纵杆或按下驻车制动开关。
(3) 套上转向盘护套、变速杆手柄套和座椅套等,铺设脚垫。
(4) 粘贴翼子板磁力护裙。
(5) 拉起发动机舱盖释放杆。

引导问题 7 修复前保险杠时需要注意哪些事项?

(1) 保险杠被撞坏,需要检查与保险杠连接的前照灯、保险杠支架、翼子板等零部件。

图3-5 打磨机

(2) 热空气塑料焊枪工作时,温度极高,要戴好安全手套,以防烫伤。
(3) 打磨时有较大粉尘,尽量使用吸尘装置和使用带吸尘功能的打磨机(图3-5),打磨时需要戴上防尘口罩。防尘口罩通常有 KN100、KN95、KN90 三种,其中 KN100 过滤效果最好。

引导问题 8 怎么修复前保险杠?

修复前保险杠前,要先对前保险杠的损伤进行评估,确定前保险杠适合修复使用而无须更换。

❶ 拆下保险杠

参考学习任务二,将前保险杠从车上拆卸下来。并根据具体情况,拆卸散热器格栅等附件,将拆卸下来的部件,依据部件大小分别存放于货架、大塑胶盒、小塑胶盒。

❷ 检查缓冲材料、前横梁及加强件

碰撞的冲击力取决于汽车的质量、碰撞速度及碰撞源。车身前面的碰撞冲击力较大时，前保险杠会被向后推，前侧梁、前保险杠支撑、前翼子板、散热器支架、散热器上支撑和发动机舱盖锁止装置也被折曲，维修时要根据实际情况进行修复。

前保险杠加强件一般采用超高强度钢或马氏体钢，如图3-6所示。超高强度钢的强度极高，非常坚硬，在冷态矫正的可能性极小，加热不当，强度受到破坏，因此，不能进行修理，只能更换。采用马氏体钢的材质同样不可修复。

❸ 前保险杠变形的矫正

（1）清洗并吹干前保险杠，使待修复表面没有灰尘、油脂等污物。

（2）当前保险杠变形量不大时，使用热风枪等对变形部位的背面进行加热烘烤，直到加热到前保险杠变软，如图3-7所示。热风枪存在加热不均匀的缺点，如果直接对变形部位进行烘烤，容易导致保险杠局部过热而烧损。加热过程中，要移动热风枪，使加热均匀。

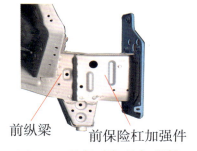
图3-6 前保险杠的加强件

图3-7 加热烘烤前保险杠的背面

（3）当保险杠稍一变软就立即进行按压、矫正。按压时，需使用滚辊，以防被烫伤，如图3-8所示。

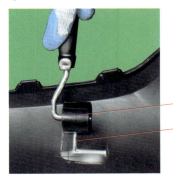
图3-8 用滚辊按压

当前保险杠变形量很大时,需使用红外线烘干灯来加热变形部位。红外线烘干灯升温快,要严格控制温度不得超过70℃,以免发生永久变形。矫正后,等待保险杠自然冷却后才可以搬动。将矫正好的保险杠试装在车辆上,检查配合情况。

4 修复前保险杠的裂缝

焊条和损坏的塑料件的材料要相同,才能兼容焊接,否则,无法成功进行焊接。常用于汽车的塑料焊条有PP(聚丙烯)、PE(聚乙烯)、ABS(丙烯腈)等种类,PP(聚丙烯)用于汽车前后保险杠、门板、挡泥板等的焊接,PE(聚乙烯)用于汽车燃油箱等的焊接,ABS(丙烯腈)用于汽车进气格栅、尾翼、尾灯灯壳等的焊接。

测试焊条与保险杠材料是否兼容的方法是:将焊条熔化在保险杠的隐蔽处,然后使焊条冷却。如果焊条与保险杠外皮是兼容的,从保险杠外皮上拉离焊条时,焊条会粘在上面;否则焊条与保险杠不兼容。如果没有成品焊条,可从同类型报废的塑料件上割下一条作为焊条。

前保险杠裂缝的修复方法如下。

(1)为了有一个大的受热表面和更大的缝隙来软化焊条,以及更便于接合和熔化,要利用砂轮机或其他工具将裂缝磨成V形槽,如图3-9所示。

(2)清洁接缝处,注意不要用汽油、酒精等清洗,以免影响焊接品质。

(3)用胶带在保险杠的正面将两部分黏接在一起,或者使用大力钳固定两部分,如图3-10所示,选择保险杠的底面作为焊接面。

图3-9 将裂缝磨成V形槽　　图3-10 使用大力钳固定

(4)如图3-11所示,焊条的端部与保险杠保持90°,如果角度过小,则无法正确完成焊接。在焊条和前保险杠之间按"之"字形移动焊枪,让两者均匀地预热。因为焊条较小,为避免焊条加热过度和烧焦,热空气塑料焊枪对焊条上的加热时间应少于施加在保险杠上的时间。

保持一定的焊接速度非常重要,如果焊枪移动过慢,温度过高会使塑料烧焦、熔化或变形。如果焊枪移动过快,则温度过低无法将基底材料和焊条熔透。当施加热量充分时,在焊条和前保险杠相接触的地方就会形成一个熔化的焊波,焊条会开始弯曲并向前移动。在焊条和前保险杠之间移动焊枪,使焊缝继续生成。

图3-11　进行塑料焊接

必须持续地给焊条压力,减去压力时可能会将焊条从焊缝上提起,使空气被裹入焊接区域的底部而导致不良的焊接品质。焊接过程中将手换到位置更高时,用无名指和小拇指对焊条施加持续的压力,同时将大拇指和食指重新放在焊条更高一点的位置。

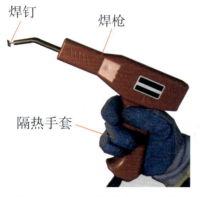

图3-12　塑料焊钢钉加热枪

（5）如图3-12所示,检查将要使用的塑料焊钢钉加热枪,外观应正常,连续线束及插头等无异常。根据前保险杠需要焊接的部位选择合适的焊接钢钉,如图3-13～图3-16所示,大波浪钢钉适用于大而弯的焊缝,小波浪钢钉适用于小而弯的焊缝,V形钢钉适用于内转角裂缝,M形钢钉适用于外转角裂缝。将选好的钢钉插入塑料钢钉加热枪加热,当钢钉加热到暗红色,即可以将钢钉按压到前保险杠焊接部位,如图3-17所示。

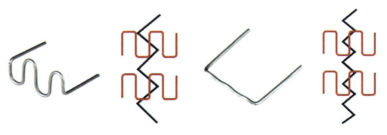

图3-13　大波浪钢钉及应用　　图3-14　小波浪钢钉及应用

（6）如果焊接影响美观时,可以使用砂带机进行打磨处理,如图3-18所示。注意打磨时避免温度过热而对保险杠造成损坏。

（7）检查焊接部位应该像零件本身一样坚固,如果焊接不坚固,可以在垂直裂缝的方向补焊,如图3-19所示。

图 3-15　M 形钢钉及应用　　　图 3-16　V 形钢钉及应用

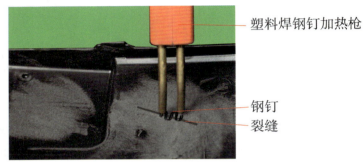

图 3-17　压入钢钉

图 3-18　进行打磨　　　　　图 3-19　在垂直裂缝处焊接

5 整理场地

清理工具、量具及设备，打扫卫生。

三　评价与反馈

对本学习任务进行评价，见表 3-1。

评分表　　　　　　　　　　　　表 3-1

考核项目	评分标准	分数（分）	学生自评	小组评价	教师评价	小计
团队合作	是否和谐	5				
活动参与	是否积极主动	5				

续上表

考核项目	评分标准	分数(分)	学生自评	小组评价	教师评价	小计
安全生产	有无安全隐患	10				
现场5S	是否做到	10				
任务方案	是否正确、合理	15				
操作过程	前保险杠的拆卸；前保险杠的矫正；前保险杠裂纹的修复	30				
任务完成情况	是否圆满完成作业	5				
工具和设备使用	是否规范、标准	10				
劳动纪律	是否能严格遵守	5				
工单填写	是否完整、规范	5				
总分		100				
教师签名：			年　　月　　日		得分	

 练习题

一、单项选择题

1. 绝大多数轿车使用(　　)前保险杠。
   A. 钢材　　　　B. 铝合金　　　　C. 玻璃纤维　　　　D. 塑料

2. 打磨保险杠裂缝后，可以采用(　　)清洁。
   A. 汽油　　　　B. 除油纸　　　　C. 酒精　　　　D. 柴油

3. 下列在焊接保险杠作业前的操作，错误的是(　　)。
   A. 选择和保险杠材料兼容的焊条，在隐蔽处试焊
   B. 将裂缝打磨成V形槽
   C. 选择保险杠正面作为焊接面
   D. 使用大力钳固定

4. 下列在焊接保险杠操作，错误的是(　　)。
   A. 焊条端部与保险杠大致成90°
   B. 焊接速度尽量慢
   C. "之"字形移动焊枪

D.必须持续给焊条压力

二、多项选择题

1. 塑料可以分为(　　)塑料和(　　)塑料。
   A.热熔性　　　　B.橡胶　　　　C.热固性　　　　D.热塑性
2. 下列元件可能是热塑性塑料的是(　　)。
   A.轮胎　　　　B.车门饰板　　　　C.密封垫　　　　D.轿车后保险杠
3. 下列(　　)属于塑料焊的特性。
   A.基体和焊条黏接在一起　　　　B.容易烧焦
   C.需要对焊接施加压力　　　　D.需要采用气体保护
4. 前保险杠受到正面撞击,需要拆卸前保险杠后检查(　　)。
   A.前纵梁　　　　　　　　　　B.变速器支座
   C.散热器支架　　　　　　　　D.前保险杠支架

学习任务四

前翼子板的更换

知识目标
(1) 了解碰撞对车身的伤害特点;
(2) 了解前翼子板的结构。

能力目标
(1) 能根据前翼子板的损伤程度和更换标准,判断其需要更换还是修复;
(2) 能拆卸、安装前翼子板。

思政与素养目标
(1) 树立维护客户利益的观念;
(2) 培养良好的服务品质意识。

建议学时
8学时。

学习情境描述

在一次事故中,一辆卡罗拉1.6L轿车的前翼子板被撞变形,如图4-1所示,修复成本较高,需要你对其进行更换。

图4-1 前翼子板变形

一、资料收集

引导问题1 车身结构的特点是什么？

车身壳体是车身零部件的安装基础,是由纵梁、横梁和支柱等主要承力零件,以及与它们相连接的钣金件共同组成的刚性空间结构。汽车车身的结构主要包括车身壳体、门窗、前后钣金件、车身附件、内外装饰件、座椅以及通风装置等。按车身壳体的受力情况或车身有无车架可以分为非承载式车身和承载式车身。

非承载式车身主要用于客车、货车和部分轿车,非承载式车身的下面有足够强度和刚度的独立车架,如图4-2所示,车身与车架通过弹性元件(弹簧或橡胶垫)连接在一起。在碰撞后,可能会出现车架、车架与车身连接部分的橡胶垫及连接螺栓受到损伤的现象,而车身受损程度较轻。

图4-2 非承载式车身

轿车普遍采用承载式车身,它没有刚性的车架,其结构如图4-3所示,为了支撑前后车桥和悬架,使车桥和悬架与承载式车身相连,在前后车桥位置分别安装了前后副车架(俗称元宝梁)。承载式车身要代替车架来承受全部载荷,所以需要针对车身的受力部位进行加强,例如为加强车身前部的强度设置了前纵梁,在构件上加工波纹增加强度,如图4-4所示。承载式车身汽车通常设计成能够很好地吸收碰撞时产生的能量,车身由于吸收碰撞力而折合收缩,冲撞力因被车身更深入的部位吸收而逐渐扩散直至完全被吸收。

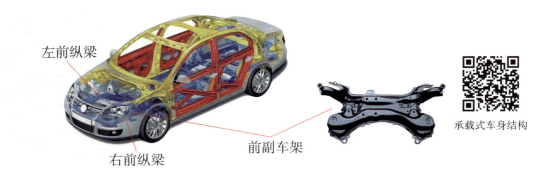

承载式车身结构

图4-3 承载式车身

通常整个车身壳体分为三段,如图4-5所示,发动机舱和行李舱处于变形区域,而乘客室处于安全区域。在汽车发生碰撞时,车身的前部和后部都要在某种程度上遭受损坏,这样才能吸收碰撞能量。汽车前部车身和后部车身要设计得在某种程度上容易损坏,发动机舱的长度会被压缩30%~

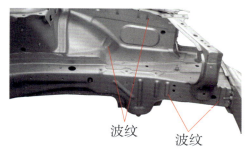

图4-4　车身上的波纹结构

40%。在变形区域和安全区域接合部位有足够的刚度,能保证乘客室有足够的安全空间避免人员受伤。中部车身要保证结实牢固,乘客室的长度仅被压缩1%~2%。

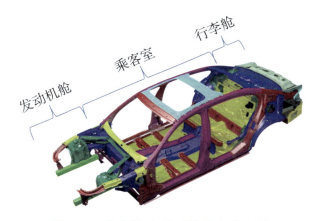

图4-5　车身的变形区域和安全区域

车身钣金件包括散热器框架、翼子板、挡泥板等。车身附件包括门锁、门铰链、玻璃升降器、后视镜、遮阳板等。车外装饰件主要指装饰条、车轮装饰罩、车标等。车内装饰件包括仪表板、顶篷、座椅等的表面覆饰以及窗帘和地毯。

引导问题2　前翼子板的结构是怎样的?

前翼子板位于汽车发动机舱盖侧下部,从前车门一直延伸至前保险杠,它盖住了前悬架部分和内围板,是重要的车身装饰件。它通常是用螺钉固定在车架前角或纵梁上,可以吸收小的撞击。前翼子板一般使用厚度为0.75mm左右的高强度镀锌薄钢板冲压制造,有的前翼子板上还安装了侧转向灯、汽车铭牌、天线、轮眉等零件,如图4-6所示。

前翼子板与车轮之间有较大的空间,可以满足前轮转动和跳动的需要。前

汽车钣金技术(第4版)

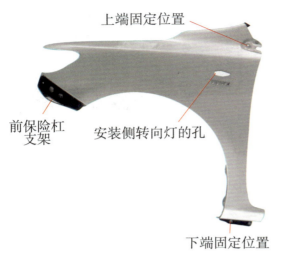

图 4-6　前翼子板

翼子板需要具备一定的弹性,在碰撞时起到缓冲和吸能作用。前翼子板碰撞的概率极高,因此,轿车前翼子板基本上是独立的,常采用螺栓连接方式,这样便于更换。

为了与整个车身协调一致,前翼子板和发动机舱盖的高度一致,与各处的配合间隙要均匀合适,例如前翼子板与发动机舱盖之间的间隙标准一般为 2.3~5.3mm;前翼子板与前门之间的间隙标准一般为 2.8~5.8mm。

引导问题3　怎么确定前翼子板或其他受损伤板件是更换还是修复?

鉴别前翼子板或其他受损伤板件需要更换还是修复时,一般有以下原则。

(1)对一些结构件的外皮损伤,如果损伤部位超过 1/3,一般建议更换此件。

(2)如果超高强度钢的加强肋、防侧撞杆发生损伤,则一律更换。

(3)钣金件碰撞损伤范围相对较小的严重折皱无法整形和矫正时(图 4-7),一般需要更换;可以用挖补技术进行局部修理的,应采用修复处理。

(4)如果板件发生了严重的弯折,如当一个金属板件的弯曲半径小于 3.2mm,或弯曲角度超过 90°时(图 4-7),则需要更换。

(5)修复成本超过新件价值 70% 的,应换用新件。

图 4-7　前端出现折皱的翼子板

引导问题4　修复不同材质的金属板,需要注意什么问题?

高强度钢泛指机械强度高于普通低碳钢的各种类型钢材,并非特指某一种材料。

(1)有的车门立柱为高强度低合金钢(HLSA),又称回磷钢。根据经验,对其加热温度为350~480℃,加热时间不超过3min,适合气体保护焊接,大多数汽车制造商不赞成采用氧—乙炔焊接修理。

(2)有些车门护梁使用的是高抗拉强度钢(HSS),常规的加热和焊接方法不会降低这种钢的强度,温度应控制在650℃以下。

(3)很多车辆车门立柱使用的是超高强度钢(UHSS),为修理而重新加热将会破坏这种独特的结构,而使钢的强度下降。这种钢材非常坚硬,一般损坏后不可修复。

(4)焊接镀锌钢板要在通风良好的环境下进行,因为高温会使锌层汽化,汽化的锌具有较强的毒性,因此需要做好防护工作。根据需要,可以将焊接点周围的镀锌层刮去或磨去。

二 实施作业

引导问题5 作业需要哪些工具、设备和材料?

(1)工具和设备:卡子拆卸工具、塑料销钉拆卸钳、一字螺丝刀和十字螺丝刀、轮胎螺栓拆装扳手(或扭力扳手、短接杆和21mm套筒)、保险杠支撑架、刮水器臂分离器(图4-8)、举升机或液压千斤顶。

(2)材料:卡子、新前翼子板等。

图4-8 刮水器臂分离器

引导问题6 作业前的准备工作有哪些?

(1)汽车进入工位前,将工位清理干净,准备好相关的器材。
(2)将变速杆置于空挡,拉紧驻车制动器操纵杆或按下驻车制动开关。
(3)套上转向盘护套、变速杆手柄套和座椅套等,铺设脚垫。
(4)拉起发动机舱盖释放杆。
(5)拆卸左前轮。用三角木塞住后车轮,拆松左前轮轮胎螺栓,顶起前轮后拆卸前轮轮胎螺栓。
(6)断开蓄电池负极电缆时,将点火开关和前照灯变光开关均置于OFF位置,并完全拧松电缆螺母,进行这些操作时,不得扭曲或撬动电缆。然后断开电缆。

引导问题7 更换前翼子板时要注意哪些事项?

(1)拆卸前照灯后,将前照灯妥善存放,以免刮花前照灯。
(2)使用套筒及接杆时,要垂直固定螺母,以防损坏螺纹。
(3)安装完翼子板后,需要对前照灯灯光进行调整,否则,可能会影响驾驶人夜晚行车的安全性。

引导问题8 怎样拆装左前翼子板?

拆卸前翼子板需要拆下前保险杠、前照灯、前散热格栅、挡泥板和装饰条等。

图4-9 拆下左前照灯

(1)拆卸前保险杠。
(2)拆卸左右前照灯总成。如图4-9所示,拆下3个固定螺钉,脱开卡爪。断开插接器并拆下前照灯总成。
(3)拆卸左前翼子板内衬。

①如图4-10所示,拆下前翼子板与挡泥板3个固定螺钉,取下挡泥板。对于比较难拆卸的塑料卡扣,可以使用如图4-11所示的塑料销钉拆卸钳进行拆卸。

图4-10 拆卸挡泥板

图4-11 塑料销钉拆卸钳

②拆卸2个前翼子板外接板衬块固定螺钉,取下衬块。
③拆下左前翼子板内衬卡子和螺钉,如图4-12所示,拆卸左前翼子板内衬。有的翼子板内衬上带有隔音棉,翼子板内衬可以起到隔音、降噪和防止车身腐蚀

的作用。

(4)拆下左侧转向信号灯总成。松开2个卡扣,如图4-13所示,拆卸侧转向信号灯总成。断开插接器,拆下侧转向信号灯总成。

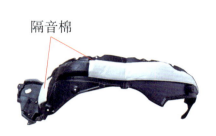

图4-12 拆卸左前翼子板内衬

图4-13 拆下侧转向信号灯

(5)拆卸铭牌。如果要重复使用铭牌,小心拆卸左前翼子板上铭牌。如图4-14所示,在车身和铭牌之间插入钢丝,将能够充当手柄的木块系在钢丝的两端,拉动钢丝,刮除将铭牌粘贴在车身上的双面胶带,拆下铭牌。如果翼子板良好,只是更换铭牌时,需要在铭牌四周粘贴保护性胶带。

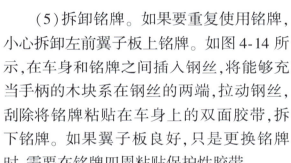

(6)拆卸刮水器臂端盖。使用一字螺丝刀拆卸刮水器臂端盖,使用棘轮扳手、短接杆及10mm套筒拆卸刮水器臂固定螺栓,采用刮水器分离器分离刮水器臂。

图4-14 拆卸前翼子板铭牌

(7)拆卸前围板上通风栅板。

(8)拆卸左前翼子板固定螺栓。

①拆卸前翼子板上端固定螺栓,如图4-15所示。要注意有一个固定螺栓位于风窗玻璃前,其位置较为隐蔽,如图4-16所示。

图4-15 拆卸翼子板上端固定螺栓　　图4-16 左前翼子板风窗玻璃前固定螺栓位置

②翼子板侧面固定螺栓在前保险杠支架位置,使用棘轮扳手、短接杆和套筒拆下左前翼子板侧面固定螺栓,如图4-17所示。

③翼子板下端固定螺栓在车身地板裙边位置,使用棘轮扳手、短接杆和套筒拆下左前翼子板下端固定螺栓,如图4-18所示。

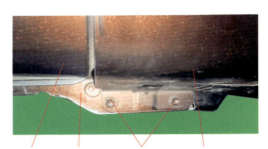

图4-17 拆下左前翼子板侧面固定螺栓　　图4-18 拆下左前翼子板下端固定螺栓

④在前柱上盖分总成周围粘贴保护胶带,使用防护条拆卸工具脱开2个卡子和1个卡爪,拆卸左前立柱外装饰盖。拆卸左前立柱外装饰盖下翼子板固定螺栓,如图4-19所示。

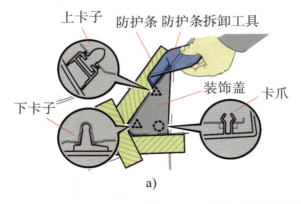
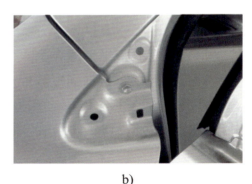

a)　　　　　　　　　　　　　　b)

图4-19 左前立柱外装饰盖下固定螺栓位置

⑤将转向盘向左转到极限位置,或拆下左前轮,仔细检查翼子板内侧衬块是否损坏,如图4-20所示,如损坏,则更换。拆卸翼子板内侧衬块后,拆卸前翼子板内侧固定螺栓(图4-21)。

(9)按拆卸的相反顺序进行安装。

学习任务四 前翼子板的更换

图4-20 翼子板内侧衬块　　图4-21 前翼子板内侧固定螺栓

> **注意**
> 在翼子板喷漆完成后再依次安装左侧转向灯、铭牌及翼子板内衬等；安装铭牌前，要使用清洁剂擦净所有残留在铭牌上的胶带黏结剂，要注意安装位置，不能影响美观。

前翼子板是用螺钉连接到散热器支架和轮罩上的。松开这些螺钉时，前翼子板可以向前后方向和内外方向移动，直到将前翼子板调整到与车门、前照灯、发动机舱盖等处间隙及配合良好为止。

（10）前照灯灯光的调整。为确保前照灯灯光的正确性，近光、远光都要进行检查。对光螺钉的最后一转应该是按顺时针方向。如果螺钉调整过度，则应将其拧松后再次拧紧，这样，螺钉的最后一转才能是顺时针方向。如图4-22所示，先垂直调整对光螺钉，顺时针转动对光螺钉可使前照灯对光上移，逆时针转动对光螺钉则可使前照灯对光下移。再调整水平对光螺钉，如果不能正确调整前照灯对光，则检查灯泡、前照灯单元和前照灯单元反射器的安装情况。

图4-22 前照灯对光螺钉

（11）整理场地。清理工具、量具及设备，打扫卫生。

 评价与反馈

对本学习任务进行评价，见表4-1。

评分表　　　　　　　　　　　　　　　　　　　　表4-1

考核项目	评分标准	分数(分)	学生自评	小组评价	教师评价	小计
团队合作	是否和谐	5				
活动参与	是否积极主动	5				
安全生产	有无安全隐患	10				
现场5S	是否做到	10				
任务方案	是否正确、合理	15				
操作过程	前翼子板的拆卸；前翼子板的安装及调整；前照灯的调整对光	30				
任务完成情况	是否圆满完成作业	5				
工具和设备使用	是否规范、标准	10				
劳动纪律	是否能严格遵守	5				
工单填写	是否完整、规范	5				
总分		100				
教师签名：			年　月　日		得分	

练习题

一、单项选择题

1. 不属于车身钣金件的是(　　)。
   A. 车门饰板　　B. 散热器框架　　C. 翼子板　　D. 挡泥板
2. 不属于车身附件的是(　　)。
   A. 门锁　　B. 门铰链　　C. 前舱盖　　D. 车内后视镜
3. 前翼子板和车身通常采用的连接方式是(　　)。

A. 焊接　　　　　B. 铆接　　　　　C. 黏接　　　　　D. 螺栓连接
4. 下列不属于需要更换板件依据的是(　　)。
　　A. 损伤超过1/3　　　　　　B. 加强肋严重损伤
　　C. 发生严重的弯折　　　　D. 漆面严重受损
5. 下列不属于前翼子板固定螺栓位置的是(　　)。
　　A. 前翼子板上端(保险杠支架位置)　　B. 前翼子板侧面(保险杠支架位置)
　　C. 前翼子板下端(靠近门槛)　　　　　D. 前翼子板内侧(内衬块后)

二、多项选择题

1. 普遍使用非承载式车身的是(　　)。
　　A. 客车　　　　B. 货车　　　　C. 轿车　　　　D. 越野车
2. 属于承载式车身结构特点的是(　　)。
　　A. 车身和车架使用弹性元件连接　　B. 没有刚性车架
　　C. 车身承受全部载荷　　　　　　　D. 前纵梁加工波纹增加强度
3. 轿车车壳通常分为(　　)三段。
　　A. 乘客室　　　　　　　　B. 货物舱
　　C. 行李舱　　　　　　　　D. 前舱(发动机舱)
4. 属于车外装饰件的是(　　)。
　　A. 车门装饰条　　　　　　B. 翼子板上 VVT-i 标志
　　C. 车轮装饰罩　　　　　　D. 前照灯
5. 属于车内装饰件的是(　　)。
　　A. 仪表板表面的装饰件　　B. 座椅套
　　C. 地毯　　　　　　　　　D. 换挡杆

学习任务五

前翼子板的修复

知识目标
(1) 能说出使用顶铁修整时，正托法和偏托法的区别；
(2) 能说出操控车身修复机控制面板的步骤。

能力目标
(1) 能对前翼子板进行修复；
(2) 掌握金属漆层打磨的方法。

思政与素养目标
(1) 培养正确的劳动态度，弘扬劳动精神、奋斗精神、奉献精神；
(2) 养成良好的劳动习惯。

建议学时
10学时。

学习情境描述

在一次事故中，一辆卡罗拉1.6L轿车的左前翼子板被撞变形，如图5-1所示，需要你对其进行修复。

图5-1 需要修复的左前翼子板

学习任务五　前翼子板的修复

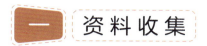

一　资料收集

引导问题1　**怎样使用常用钣金工具？**

修复钣金件最常用的工具是钣金锤和顶铁。钣金锤是复原损坏钣金件必需的工具，用来敲打损坏的金属板使其大致恢复原形。假如使用钣金锤将一块平钢板置于底座上敲击，则钢板的两端将会向两边翘曲。钣金锤表面的圆弧越大，敲击钢板的两端向两边翘曲的现象会越明显。所以在修理钢板时，通常使用表面圆弧度较小的钣金锤。

汽车钣金常用的锤子如图5-2所示，橡胶锤锤头使用比较柔软的橡胶制成，主要用来修复表面微小的凹陷，轻轻敲击表面不会留下痕迹。球头锤用途很广，可用来矫正弯曲的基础构件和加工初始成型的车身零件。钳工锤是主要的击打工具，平的一端敲击用，尖的一端用于敲击修复较小的凸起部位。镐锤有尖嘴和直面两种类型，它是专门用来维修小凹陷的工具，镐锤尖顶可以将凹陷敲出，镐锤平端头与垫铁配合使用可以去除微小的凸点和波纹。收缩锤的锤面呈锯齿状，适用于表面收缩作业，能修整因过度锤打而产生的延伸变形。

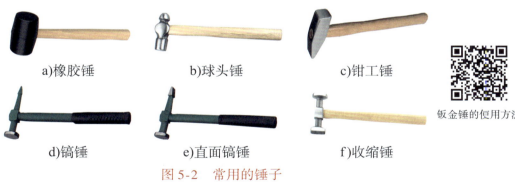

图5-2　常用的锤子

顶铁是一种手持的铁砧，又称垫铁或衬铁，与锤子配合进行钣金修理作业，如图5-3所示。

1　使用钣金锤和顶铁的注意事项

（1）使用前擦净手柄上的油污。

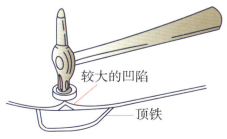

图5-3　顶铁与钣金锤的配合

(2)检查锤柄应安装牢固。

(3)锤面出现过度磨损、碎裂或蘑菇头等,应进行修整或更换。

(4)如图 5-4 所示,顶铁的形状与板件外形的配合十分重要,每种形状的顶铁适于车身表面特定形状凹陷或外形的修整,顶铁的平面端不可置于钢板的弧面,因为顶铁的尖端将使钢板表面留下伤痕。

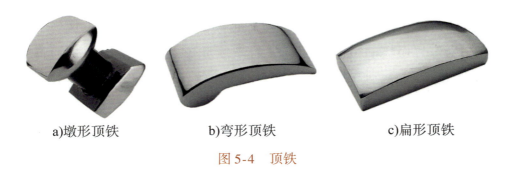

a)墩形顶铁　　　b)弯形顶铁　　　c)扁形顶铁

图 5-4　顶铁

(5)敲击时,不要太猛烈,因为猛烈敲击对金属造成较大的延展。

❷ 使用钣金锤和顶铁配合敲击的方法

进行钣金作业时,通常使用顶铁顶在金属板的背面,用钣金锤和顶铁一起作业使凹下部位或凸出部位恢复原有形状。用顶铁修整可分为偏托法(又称错位敲击或虚敲)和正托法(又称对位敲击或实敲)两种方式,实际维修作业中常需要根据钢板损伤的程度交替使用这两种方法。

偏托法是直接用顶铁抵住最大凹陷处,使用钣金锤敲击凹陷周围产生的隆起变形,如图 5-5a)所示。用偏托法修整平面,可以避免修复过程中的受力不均。因为顶铁打的是板件正面的凹陷处,而钣金锤击打的则是板件正面的鼓凸部位,一般不会造成板件延展。

正托法敲平容易使金属延展变形,常用于修平板件和延展金属。当局部凹凸变形被修平至一定程度时,应改用正托法进一步敲平。如图 5-5b)所示,正托法是将顶铁直接顶在板件背面凸起部位,同时用钣金锤将顶铁位置敲平。由于钣金锤的敲击作用会使顶铁发生轻度回弹,在钣金锤敲击的同时顶铁也将同时击打板件。此时,顶铁垫靠得越紧,则展平的效果也越好。

当面板背面的空间有限时,匙形铁也可当作顶铁使用,如图 5-6 所示。匙形铁根据车身板件的形状不同而制成相应不同形状和不同尺寸,它是车身修理的特殊工具,主要用于抛光金属表面,所以又称修平刀。

学习任务五　前翼子板的修复

a)偏托法　　　　　　b)正托法

图 5-5　顶铁修整

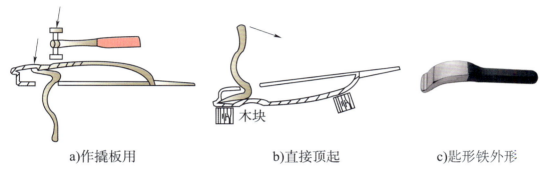

a)作撬板用　　　　b)直接顶起　　　　c)匙形铁外形

图 5-6　匙形铁

绝对不可以用钣金锤敲打拉伸区,也不可以用垫铁敲打压缩区的内侧,否则,会造成板件更大程度上的延展,延展严重的板件是无法修复的。如图 5-7 所示,拉伸区是指金属被拉下去的部位,压缩区是金属被推上去的部位。

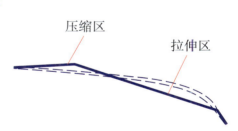

图 5-7　金属板的压缩区和拉伸区

引导问题2　车身修复机有何优点?

修复车身常采用车身修复机,车身修复机又称介子机或车身整形机,它是近年来在维修行业普遍采用的一种用于修复车身外形凹陷损伤的设备,如图 5-8 所示。使用车身外形修复机对车身变形区域进行修复,不易破坏材料的金属结构,也不易大面积地破坏车辆的原有涂层,节省了涂装过程中刮灰及喷漆材料的消耗量。它具有成本低、操作简单、使用方便、维修效率高等优点。它可以实现直接点焊、垫片焊接、炭棒缩火、钩锤整平和两板点焊等多种功能,很容易对待修的车身进行拉、拔、修、补、加热等钣金整形操作。

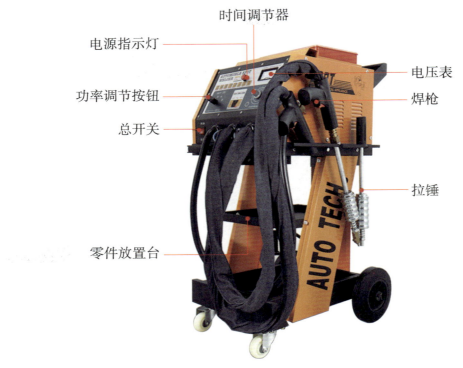

图 5-8 车身修复机

车身修复机主要应用在车身上一些双层或夹层的板件上,及一些无法通过垫铁和撬棍修复的地方。在使用车身修复机对车身的变形部位进行修复时,可以在不拆除变形区域周围零部件和易燃物品的情况下对变形部位进行修复。

引导问题3 操作车身修复机的基本步骤有哪些?

使用车身修复机时,首先连接车身修复机的电源,将车身修复机的负极牢固地连接到靠近修复区车身上,可以使用大力钳将负极夹在车身上,再打开车身修复机的背面的电源开关,通过如图 5-9 所示的控制面板进行以下操作:

(1)根据使用需要,通过工具选择器选择焊枪。
(2)按下焊枪选择键,选择三角片焊接模式。
(3)关闭薄板厚度选择键,焊接工件材料厚度指示灯熄灭。
(4)将带三角片的焊枪对准焊接位置,并轻搭在被焊件表面。
(5)按下焊钳控制开关,开始焊接,待定时间完毕再松开。可根据被焊件清洁情况,选择焊接补偿功能,以期达到更好的焊接效果。

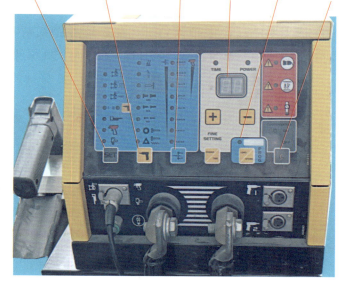

图5-9 车身修复机面板

引导问题4　钢板有哪些重要的特性?

钢板的弹性变形、塑性变形和加工硬化等性能对车身维修有较大的影响,对车身维修时,掌握金属材料的性能,才能对车身损伤做出正确的诊断和制订合理的钣金维修方案。

金属在外力作用下,产生永久变形而又不引起破坏的性能称为塑性。在外力消失后留下来的这部分变形称为塑性变形。汽车碰撞损坏产生塑性变形的周围,都会产生弹性变形,如图5-10所示。因为弹性变形在消除外力的作用下会恢复原来的形状,所以在修理车身时,应先消除塑性变形,这样弹性变形也会消失。

加工硬化是金属材料在加工过程中出现的现象,例如将一根铁丝反复弯曲几次,在弯曲部位会变得非常硬,加工硬化的原因是金属内部的晶体离开了原来的位置。可以利用金属加工硬化的原理来提高构件的承载能力,例如金属板在汽车制造厂冲压后,弯曲变形比较大的部位会发生加工硬化。金属加工硬化不利的一面是增加了车身修复的难度,例如汽车翼子板弯曲面较大的部位发生碰撞损伤时则修复困难。

通过改变金属板件的形状来提高其强度和刚度的方法称为板件的强化。通常,强化方法包括隆起、翻边及U形槽。隆起是将金属板件冲压成弯曲隆起的形状,如图5-11所示,这种形状的板件比平整的板件可以抵抗更大的弯曲力。最常见的翻边是直角折边,对于大面积的车身板件,通过折边可以明显提高板件的刚性。金属板件被冲压成U形槽后,很难被弯曲,两个U形槽对焊成箱型结构时强度更大。因此,车身上重要的结构件都采用这种结构,如车架、门槛、车门立柱等。

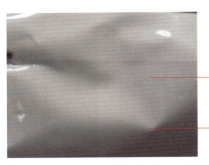

图5-10 弹性变形和塑性变形

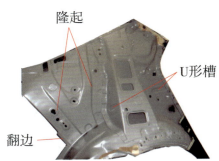

图5-11 后翼子板内板

引导问题5　修复车身钣金件时,除了人身安全外,还需要注意哪些问题?

(1)修复钣金件,不仅是要对其外形进行修复,还要注意不要改变金属的内部结构。例如对超高强度钢的加强肋、防侧撞杆等结构件,切割必须使用气动、电动或等离子切割机,若采用氧—乙炔进行切割或未注意控制温度,会破坏金属的性能,金属内部结构会发生较大的变化,金属的硬度、强度等性能会发生改变。

(2)拉伸矫正翼子板或其他车身金属板件时,不仅要恢复车身的原来的形状,还要消除或减少由于事故使车身板件反复变形而积累的应力,恢复板件原来的状态。

所谓应力是以一种存在原材料中的、对维修起阻碍作用的内在阻力。一般采用200℃以下加热和锤击的方法,可以消除或减小应力。要注意在进行高强度钢板的应力消除时尽量不要采用加热的方式。锤击减小或消除金属应力时,在金属板件背面不能垫顶铁。

(3)注意防腐处理。腐蚀不仅会影响到车身的外观,而且会削弱金属板件的强度。任何裸露的金属表面都会发生锈蚀。维修过程中采用的防腐方法一般是采用涂装。在涂装前,先进行彻底清洗,清除所有的污物、油脂、灰尘、氧化物等。

引导问题6 ▶ 怎样检测损伤范围?

对于钢板损伤,在修复前、作业中及完成后,需要对钢板损伤程度或修复程度进行检测。检测损伤范围的方法一般包括目视检测、手感检测和用钢直尺检测。

目视检测是利用车身钢板上折射的光线来判断损伤范围和变形的程度,判断时要多次移动目视的角度。

手感检测是车身面板修复作业中使用范围最广、使用频率最高的一种检测手段。手感检测是一种感觉和经验,可以感觉到整个损伤部位的弧度、钢板的隆起和凹陷。手感检测时,不要施加力于手上,从各个不同的方向反复移动和触摸,如图5-12所示,用手感受,从而判断、检测钢板的损伤程度。

检查钢板损伤的平面度,可以借助钢直尺进行,如图5-13所示,将钢直尺置于平面板件上,一般通过目测判断受损经修复与未受损区域间隙的差异,即可判断板件的修复质量。检查弧形板面时,最好使用可调柔性锉(图5-14)或专用卡尺(图5-15)。

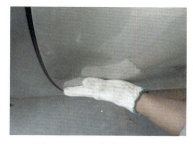

图5-12 手感检测

图5-13 利用钢直尺检测损伤

图5-14 可调柔性锉

图5-15 门板轮廓检测专用卡尺

二、实施作业

引导问题7 作业需要哪些工具、设备和材料?

（1）工具及设备：车身修复机、卡子拆卸工具、一字螺丝刀和十字螺丝刀、快速扳手、接杆、套筒、钣金锤、顶铁等。

（2）材料：防腐材料等。

引导问题8 作业前的准备工作有哪些?

（1）汽车进入工位前，将工位清理干净，准备好相关的器材。

（2）将变速杆置于空挡，拉紧驻车制动器操纵杆或按下驻车制动器开关。

（3）套上转向盘护套、变速杆手柄套和座椅套等，铺设脚垫，用防火布挡住风窗玻璃及发动机系统进行保护，如图5-16所示。

图5-16 保护风窗玻璃及发动机

（4）拉起发动机舱盖释放杆。

（5）拆卸左前轮。用三角木塞住后车轮，拆松左前轮轮胎螺栓，顶起前轮后拆卸前轮轮胎螺栓。

（6）断开蓄电池负极电缆时，将点火开关和前照灯变光开关均置于OFF位置，并完全拧松电缆螺母，进行这些操作时，不得扭曲或撬动电缆。然后断开电缆。

学习任务五　前翼子板的修复

引导问题9　修复前翼子板时需要注意哪些事项？

（1）修复前需要对损坏的翼子板仔细检查评估，根据实际情况确定维修还是更换。

（2）拆下的保险杠、前照灯等附件要妥善存放，避免这些附件受到损伤。

（3）注意磨削过程中，人不要站在出屑的方向，以防受伤。

（4）完成作业后，需要检查翼子板与车门、发动机舱盖、保险杠、前照灯的配合是否良好。

引导问题10　怎样修复左前翼子板？

❶ 制订修复计划

前翼子板前面被撞，多是主动型的碰撞，变形较复杂，凹陷与褶皱会同时出现，一般选择更换。前翼子板侧面被撞，多属被动型碰撞，一般产生的凹陷变形，维修较为容易。制订修复计划时，除了查看翼子板本身情况外，还要查看翼子板与车门、前照灯、保险杠等间隙情况，如图5-17所示，翼子板与车门间隙过大时，说明翼子板凹陷情况严重。

图5-17　翼子板与前门间隙

❷ 拆卸附件

拆卸保险杠、前照灯等部件。因为在修复后需要做翼子板防锈处理，以及便于维修作业，所以在修复作业前，需要拆卸翼子板内衬，翼子板内衬固定部位较多，其结构如图5-18所示。

❸ 打磨前翼子板上的涂层

应先将车身涂层除去，这样才能将垫圈焊接在损坏部位的金属构件上。

（1）根据前翼子板损坏范围，确定涂层打磨范围。可以用马克笔描出该打磨的区域。

（2）选择合理的打磨机，如图5-19所示，常用的打磨机有角磨机、吸尘式气磨机和砂带机等类型。如需要打磨或切割金属部分,选择角磨机;打磨平面上的涂层选择吸尘式气磨机;如果打磨狭小、小角度、难进入等位置时,选择砂带机。

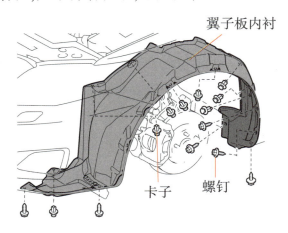

图 5-18　翼子板内衬

a)角磨机　　　　　b)吸尘式气磨机　　　　c)砂带机

图 5-19　打磨机

打磨前,需要戴口罩、耳罩等,做好安全防护。检查砂轮片有无裂纹和破碎、护罩是否完好。推荐使用吸尘式气磨机和60号砂纸或砂带。

(3)将打磨机平放在板件的表面后,再开动打磨机;反之,如果在接触板件之前打磨机运转,那么在接触板件的瞬间可能摩擦出很深的划痕。

(4)沿损伤的各个方向移动打磨机以清除涂层,不要使打磨机在一个部位停留过长的时间,否则,会使板件过热。磨削薄板制件时,砂轮应轻轻接触工件,不能用力过猛,并密切注意磨削部位,以防磨穿。图5-20所示为打磨涂层。

气动打磨机的使用方法

图 5-20　打磨涂层

4 对前翼子板进行整形修复

（1）根据实际情况，在使用车身修复机对翼子板修复前，可以使用钣金锤和垫铁对翼子板进行修复，如图5-21所示，从翼子板的正面或背面进行敲击。

a) 正面敲击

b) 背面敲击

图5-21 使用钣金锤修复翼子板

（2）对于金属的凹陷，常采用拉拔法。拉拔法是将凹陷的金属用拉拔的方法抬高，在拉拔的同时，用钣金锤对高点进行敲击，类似于用钣金锤和顶铁的偏托法。修复翼子板等局部损伤较小而且没有加强的薄钢板时，采用具有焊接极头的滑动锤进行拉拔，如图5-22所示，拉拔前可以选择三角片进行焊接，操控手柄上的控制开关即可以控制焊接时间的长短，将三角片焊接在需要修复的钢板上后，拉动滑动锤就可以拉出凹陷的金属。使用此工具前，必须将车身修复机的负极稳固地连接在车身上。

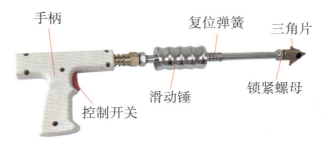

图5-22 具有焊接极头的滑锤

拉拔时，不要一次就将凹陷的位置拉到位，需要反复几次才可以达到理想的矫正效果。如图5-23所示，选择第一个拉拔的部位应该远离凹陷最低的地方，拉拔时只能向上稍稍拉出一点，接着再拉下一个位置。这是因为凹陷最低的地方加工硬化程度高，拉伸作用力又过于集中，力过大可能会引起撕裂。再者因为随着周围金属的不断提升,凹陷中心部位也会不断升高,若一次升高过多,可能待修整完毕后凹陷最大的点反而成了鼓起的点,又要重新矫正。

(3)磨除拉拔痕迹,打磨油漆涂层,打磨后的漆层边缘应平滑而不能留有台阶,如图5-24所示。

图 5-23　拉拔修复翼子板

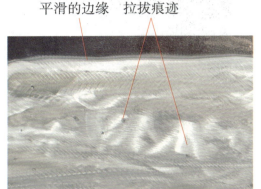
图 5-24　磨除拉拔痕迹

(4)如图5-25所示,前翼子板上有多条轮廓线,如果翼子板上轮廓线被撞凹陷,需要焊接垫圈进行拉拔,可以参考后文介绍的车门棱线的修复。

(5)修复后检查。如图5-26和图5-27所示,将前照灯、保险杠试装于车身上,盖上发动机舱盖,查看翼子板与前照灯、保险杠、发动机舱盖配合间隙是否匀称。

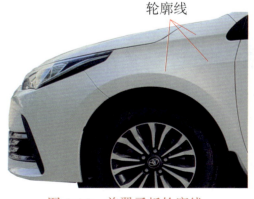
图 5-25　前翼子板轮廓线

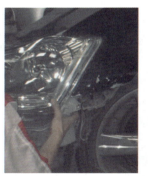
图 5-26　试装前照灯　　图 5-27　试装保险杠

当翼子板与其他部件间隙不匀称时,可以通过图5-28所示方法进一步修整翼子板的外形。

整形修复后要反复检查整形情况,可以按图5-29所示的手感检查方法进行检查。整形后翼子板的弧形表面一定要与翼子板的弧形曲面吻合,不能有凸出点,也不能有明显或过深的凹陷。

a)扳动翼子板

b)撬出翼子板

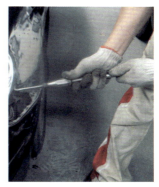
c)拉出翼子板

图 5-28　修整翼子板外形

5　防腐处理和间隙调整

在进行整形操作时已将构件保护层破坏,构件涂层已经失去防腐功能,在潮湿的环境中更容易使构件锈蚀,所以在构件整形完成以后,及时喷涂防锈剂是很重要的。

检查前翼子板各处的间隙,如果间隙不符合要求,需要进行调整。

图 5-29　检查翼子板的修复情况

6　整理场地

清理工具、量具及设备,打扫卫生。

三　评价与反馈

对本学习任务进行评价,见表 5-1。

评分表　　　　　　　　　　　表 5-1

考核项目	评分标准	分数(分)	学生自评	小组评价	教师评价	小计
团队合作	是否和谐	5				
活动参与	是否积极主动	5				

续上表

考核项目	评分标准	分数(分)	学生自评	小组评价	教师评价	小计
安全生产	有无安全隐患	10				
现场5S	是否做到	10				
任务方案	是否正确、合理	15				
操作过程	前翼子板的打磨；手感检测；车身修复机的操作；前翼子板整形效果	30				
任务完成情况	是否圆满完成作业	5				
工具和设备使用	是否规范、标准	10				
劳动纪律	是否能严格遵守	5				
工单填写	是否完整、规范	5				
总分		100				
教师签名：			年 月 日		得分	

练习题

一、单项选择题

1. 钣金最常用的工具是钣金锤和（　　）。
   A. 螺丝刀　　　B. 顶铁　　　C. 錾子　　　D. 砂轮机

2. 敲击时，不要太猛烈，因为猛烈敲击会对金属造成较大的（　　）。
   A. 磨损　　　B. 延展　　　C. 裂纹　　　D. 应力

3. 不是车身修复机特点的是（　　）。
   A. 成本低　　　B. 操作复杂　　　C. 维修效率高　　　D. 使用方便

4. 选出错误的一项：钢板的（　　）性能对车身维修有较大的影响。
   A. 弹性变形　　　B. 清洁程度　　　C. 加工硬化　　　D. 塑性变形

5. 改变形状让钢板强化的方法不包括（　　）。
   A. 隆起　　　B. 翻边　　　C. U形槽　　　D. 加厚

二、多项选择题

1. 属于使用钣金锤和顶铁的注意事项的是（　　）。

A. 手上不能有油污   B. 检查锤柄应牢固
C. 锤面不能有蘑菇头   D. 锤面不能有磨损

2. 属于偏托法敲击特点的是(　　)。
   A. 用顶铁抵住最大凹陷处   B. 使用钣金锤敲击凹陷周围
   C. 容易使金属延展变形   D. 可以避免受力不均

3. 属于正托法敲击特点的是(　　)。
   A. 容易使金属延展变形   B. 凹陷修复到一定程度后使用
   C. 顶铁直接顶在背面凸起部位   D. 钣金锤敲击顶铁位置的板件

4. 车身修复机具备(　　)功能。
   A. 直接点焊   B. 垫片焊接   C. 炭棒缩火   D. 钩锤整平

5. 车身修复机可以完成(　　)操作。
   A. 拉   B. 拔   C. 锯   D. 修

学习任务六

前车门的修复

知识目标

(1) 正确描述车门的结构；

(2) 简单叙述薄钢板收缩的原理。

能力目标

(1) 能对车身碰撞进行分析；

(2) 能对车门进行修复。

思政与素养目标

(1) 培养工作中细致的习惯；

(2) 培养节约生产成本的好品质，弘扬勤俭节约精神。

建议学时

12 学时。

学习情境描述

在一次事故中，一辆卡罗拉 1.6L 轿车的左前门被撞变形，如图 6-1 所示，需要你对其进行修复。

图 6-1　需要修复的车门

学习任务六 前车门的修复

一 资料收集

引导问题1 轿车车门的结构是怎样的?

车门结构展示

车门是一个由外蒙皮、车门框架、车门装饰板、门窗调节装置、风窗玻璃以及相关部分组成的复杂装配体。车门框架是车门的主要钢架,铰链、玻璃、把手等部件安装在车门框架上。车门内饰总成主要由车门装饰板分总成、内拉手分总成、扶手座上板及支架总成等组成,如图6-2所示。车门铰链连接在支柱和车门支架之间,门窗调节器是一个齿轮机构,用以升高和降低车门玻璃。碰撞后车门仍能正常开启,以便于营救乘员。在碰撞过程中车门不能自动打开。

车门是车身侧面最主要的部件,车身侧面没有吸能区,通过车门、车门槛板、中柱等部件的变形吸收碰撞能量,所以车门内部常采用超高强度钢板制造防撞杆,如图6-3所示。

图6-2 前车门内饰

图6-3 车门防撞杆

引导问题2 怎么分析车身碰撞变形?

影响碰撞变形的因素有很多,包括车辆本身的结构、碰撞的角度和位置、碰撞力的大小、碰撞物等。

分析车身碰撞首先就应了解车身构造的类型,例如车身的吸能区是容易发生变形和损坏的,一般轿车在前部和后部设计了吸能区,如图6-4所示,前部的保险杠支座、前纵梁、挡泥板、发动机舱盖设计了吸能区,后部的保险杠支座、后纵梁、挡泥板、后行李舱盖设计了吸能区。

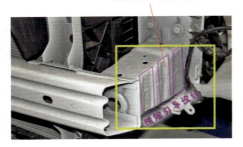

图6-4　车身吸能区

通常,在观察碰撞部位的结构损伤时,要估计汽车受撞力的大小和方向,再判断碰撞如何扩散并造成的损伤,沿着碰撞路线系统地检查车身和其他部件可能存在的损坏,直到找不到任何损坏的痕迹。此外,还要注意确认车身是否有扭转、弯曲变形和间接损伤。承载式车身在碰撞时,撞击能量通过车身扩散,可能会引起沿车身扩散方向车身薄板的损伤,如图6-5所示。可以通过观察板件连接点有没有错位断裂,油漆层、内涂层及保护层有没有裂缝和剥落,零件的棱角和边缘有没有异样等现象来发现部件的损伤。

图6-5　撞击能量的扩散

确定车身碰撞损伤过程中要注意:碰撞力会穿过刚性大的部件,最终传递深入至车身部件内并损伤薄弱部件;要注意检查板件连接点有没有错位断裂,加强筋等加固材料有无裂缝等;目测或使用量具检查车身部件的间隙与配合判断是否发生变形。通过检查可以发现存在的损伤,例如通过检查门的配合状况可以发现支柱的损伤。

通过对车身碰撞损伤的分析,可以确定维修方案。例如对损坏的前车门进行评估,通过目测车门的损伤面积是否过大、拆检车门后查看内防撞钢管等的变形是否严重,选择对车门更换还是修复。

检查车门的子项目非常多,参考表6-1。

学习任务六　前车门的修复

车门碰撞情况检查记录表　　　　　　表6-1

车辆信息：
1. 初步记录车门损伤情况： （1）该车门是： □左前门　　□右前门 （2）在图中描出门板损伤的位置。 （3）在图中凹陷最深的位置画上小圆圈。 （4）通过问询顾客和观察车门被撞击部位和凹陷情况，确定车门受的撞击力是朝： □侧前方约_____。 □侧后方约_____。 □正侧方
2. 检查车门外附件是否损伤。（正常在框内打√，需要维修或更换在框内打×） 后视镜□　装饰条□　门锁拉手□　其他（　　）□
3. 拆下车门内饰板，检查下列元件。（正常在框内打√，需要维修或更换在框内打×） 内饰板□　玻璃□　玻璃升降电机及线束□　扩音器及线束□ 车门防撞杆□　内拉手□　其他（　　）□
4. 检查衔接部件。（正常在框内打√，需要维修或更换在框内打×） 左前翼子板□　左前立柱□　左中立柱□ 门槛□　车门密封条□　车顶纵梁□　左后车门□
5. 功能检查 车门开关□　车门锁止□　玻璃升降□　车外后视镜调节□ 车门密封□　扩音器扩音□　其他（　　）□
车主确认： 　　年　月　日

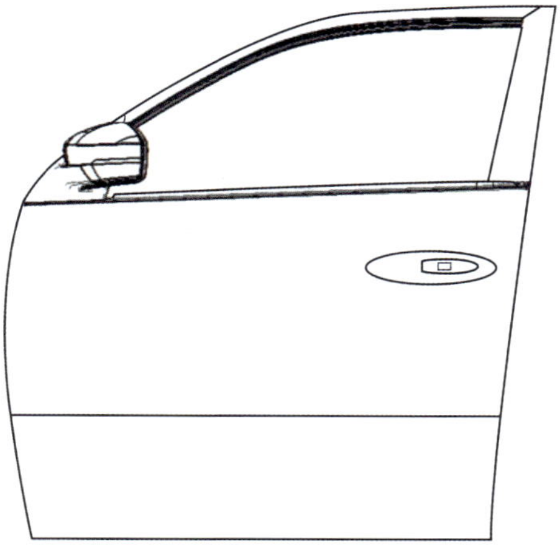

引导问题3 ▶ 怎样采用电热法使延展后的薄钢板收缩？

当薄钢板受到碰撞而产生严重损伤时，在严重损伤处薄钢板通常会受到拉伸。薄钢板受到拉伸以后，会变薄且发生加工硬化。在薄钢板延展量过大的情况下，会发生如图6-6所示的弹性变形，所以应对该区域进行收缩处理，以使其恢复原始形状。

图6-6　金属的弹性变形

薄钢板收缩常采用电热法，电热法收缩是利用金属热胀冷缩的性质来达到收缩目标的。其原理是：金属中间部位在加热铜棒的加热下向外膨胀，周围未受热的冷硬金属起约束作用使钢板沿上下发生膨胀，使用压缩空气对其快速冷却时，膨胀区收缩而拉紧，如图6-7所示。在此状态下，如对受热点及其周围的金属进行轻轻地锻打，材料的内应力也因此被消除。

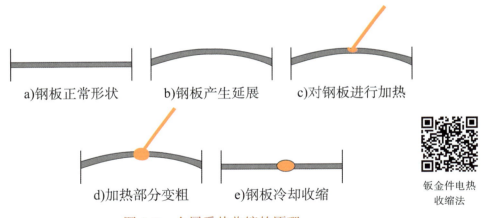

图6-7　金属受热收缩的原理

多功能车身整形焊机及与之配套的电热棒和电热收缩锤，是电热法收缩的主要工具和设备。将电热棒（炭棒）通电加热后，沿螺旋线方向顺序进行直至中心的划动，使膨胀、隆起的金属受热。然后用湿海绵或布进行冷却，达到收缩的目的。

薄钢板收缩还可以使用收缩锤和收缩垫铁收缩，用专用收缩锤和收缩垫铁，在膨胀隆起部位进行类似敲平的锤击操作。收缩锤与收缩垫铁的端面形状适应车身覆盖件的形状。操作过程中，不允许将收缩锤与收缩垫铁同时使用，而应视实际情况交替使用。另外,还可以通过起褶法来处理收缩金属,它是用钣金锤和垫铁在拉伸变形部位做出一些褶来。

二 实施作业

引导问题4 作业需要哪些工具、设备和材料?

(1)工具、量具及设备:橡胶锤、测量尺、螺钉盒、小号一字螺丝刀、薄片式非金属撬板(图6-8),车身修复机、打磨机等。

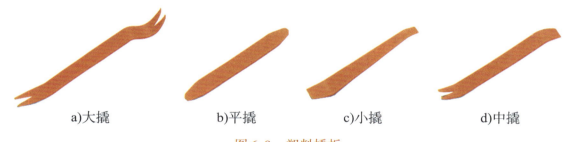

a)大撬　　　　b)平撬　　　　c)小撬　　　　d)中撬

图6-8　塑料撬板

(2)材料:80/120/180号砂纸、双面胶(粘贴装饰条用,如图6-9)等。

图6-9　双面胶

引导问题5 作业前的准备工作有哪些?

(1)汽车进入工位前,将工位清理干净,准备好相关的器材。
(2)将变速杆置于空挡,拉紧驻车制动器操纵杆或按下驻车制动开关。
(3)套上转向盘护套、变速杆手柄套和座椅套等,铺设脚垫。
(4)粘贴翼子板和前脸磁力护裙。

(5)拉起发动机舱盖释放杆。

(6)断开蓄电池负极电缆时,将点火开关和前照灯变光开关均置于OFF位置,并完全拧松电缆螺母,进行这些操作时,不得扭曲或撬动电缆。然后断开电缆。

引导问题6 修复前车门时需要注意哪些事项?

(1)拆卸车门装饰件时,要注意保护装饰件表面、漆面不被划伤。拆装装饰件时,采用合适的力度,防止损坏装饰件,以免影响重复使用。

(2)修复车门后,需要仔细检查,不能存在延展区,否则影响车的外观。

(3)车门修复后,一定要进行防锈处理,否则经过一段时间后车门会锈蚀。

引导问题7 怎么样修复左前车门?

1 评估损坏的情况

通过目测、手感检测等方法,确认无须换件,并根据损伤情况确定修复范围和方案。同时要注意修复其他相关区域,例如门柱、门铰链。

2 拆卸车门装饰板总成等附件

车门内饰板的拆装

为了方便喷涂作业,需要拆卸左前车门外把手。在拆卸门外把手前,需要拆卸车门装饰板分总成。

(1)如图6-10所示,使用头部缠有保护胶带的螺丝刀,撬开3个卡爪,拆下螺钉,拆下前门内拉手。然后将内拉手向外拉出一半,再拆下内拉手杆以及电动车门锁开关的插头。

图6-10 拆下前门内拉手

(2)使用头部缠有保护胶带的螺丝刀或塑料翘板,脱开2个卡子和6个卡爪,拆下前扶手座上板,并断开插接器。

(3)使用头部缠有保护胶带的螺丝刀,脱开卡爪并拆下门控灯总成,并断开插接器。

(4)拆卸前门装饰板分总成。

①如图6-11所示,脱开卡爪并断开车门扶手盖。

②拆下2个螺钉。

③使用卡子拆卸工具,脱开9个卡子,如图6-12所示。

图6-11 拆下前扶手盖　　　图6-12 脱开前门装饰板分总成

④脱开5个卡爪,使用薄片式非金属撬板从前门玻璃内密封条上分开前门装饰板分总成,脱开2个卡爪,并断开前门内把手分总成。拆卸前门内把手分总成,如图6-13所示。

3 拆卸车门外把手

(1)如图6-14所示,拆下孔塞,用内花键梅花套筒扳手(T30)松开螺钉,然后将前门外把手盖和车门锁芯作为一个单元拆下。

图6-13 拆卸前门内把手分总成　　　图6-14 拆下车门外拉手固定螺钉

(2)断开插接器,如图6-15所示。

（3）如图 6-16 所示，拆下前门外把手总成。

（4）脱开 2 个卡爪，拆下前门外把手前装饰盖。脱开 2 个卡爪，拆下前门外把手后装饰盖。

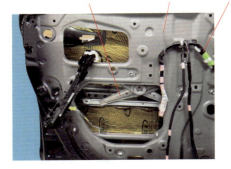

图 6-15　断开线束连接器

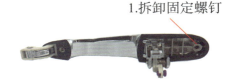

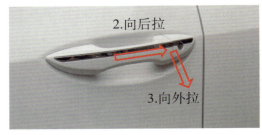

图 6-16　拆卸前门外把手

4 进行修复

修复车门时，常采用滑动锤拉拔法。滑动锤拉拔法是使用滑动锤拉拔的冲击力拉出焊接的垫圈来修理凹陷，这种方法用来作粗拉拔和在钢板强度高的部位修理凹陷。在对这类凹陷损坏部位进行修复时，需要用锤子进行敲击，让损坏部位"松弛"下来，便于进一步整修修复。

（1）根据损伤面积大小和损伤程度，对受损区的涂层与原子灰层进行打磨，如图 6-17 所示。

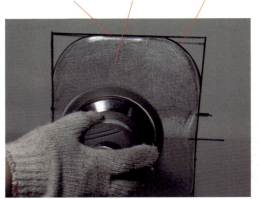

图 6-17　打磨车门

（2）根据门板的厚度，调整外形修复机通电时间及电流大小。车门被撞击后其肋（棱线）已经不是十分清楚，为保证焊接垫圈能在原来的棱线位置，在不影响焊接的前提下，可以在肋上划条直线，如图6-18所示。

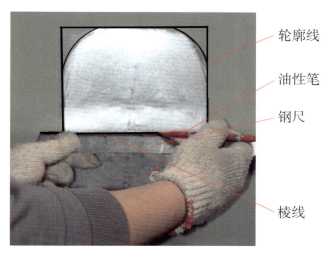

图6-18　在车门上划线

（3）如图6-19所示，在门板受损区域，焊上一排OT垫片或圆形垫圈，间距10mm为最佳，焊接时要无虚焊和无火花飞溅，拉下OT垫片后无穿孔现象。焊接不良出现拉拔时，垫圈很容易掉落。过度焊接又会造成拆下垫圈时钢板出现受损的情况，在钢板上留下遗留孔，尤其是在车门棱线处，由于接触面积较小，应选择小电流焊接，避免出现图6-20所示的穿孔现象。

图6-19　焊接OT垫片　　　　　　图6-20　穿孔现象

（4）车身外板常有一些附加结构（肋、凹坑、孔等），这是车身外部构件常有的结构，采用这样的结构可以加强构件表面的刚度，增加构件抗冲击的能力。为了防止损坏这些部位，操作时要特别注意这些部位的特点、构件材料、金属特性，采

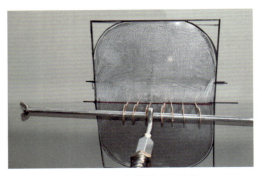

图 6-21 牵拉车门肋条

用正确的整形工艺方法,才能取得较好的效果。用整形修复机将垫片焊接在肋处时,应密集一些,才能有好的整形效果。修复时用直径为 8mm 的直钢棒穿入整排垫片,如图 6-21 所示,拉锤与板面成 90°将车门凹陷部位整体拉出。

(5)一边用整形修复机进行牵拉,一边用錾子、钣金锤敲击拉伸区的边缘区,进行整形及释放应力。拆卸 OT 垫片时,将垫片旋转即可拆卸,如图 6-22 所示。

(6)再对未拉伸的凹陷部位进行上述操作。如图 6-23 所示,在拉伸时,可以对单个 OT 垫片施加拉拔力。

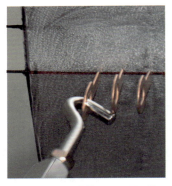

图 6-22 拆卸 OT 垫片

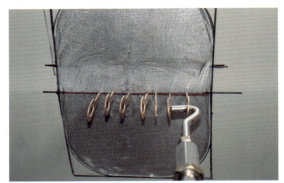

图 6-23 对未拉伸区域进行拉伸

(7)如图 6-24 所示,用钢直尺或专用轮廓卡尺检查所拉平面的平面度是否符合要求。用手感检测法检测非平面区域,符合要求后,拆除 OT 垫片。检查门板是否存在局部延展情况,如存在,需进行收缩处理。

钣金快速修复组合工具

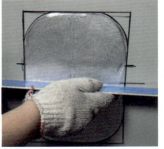

a)　　　　　　　　　　b)

图 6-24 检查平面度

学习任务六　前车门的修复

(8) 对焊点进行打磨,将需维修区边缘打磨出羽状边,让其平滑过渡于未受损区,如图 6-25 所示。

⑤ 防锈处理

将防锈底漆涂于裸露的门板上。由于焊接垫圈时产生的热量会损坏门板内表面的防锈层,所以在维修后从车门拆装孔,如图 6-26 箭头所示,必须对该部位进行防锈处理。将车门修复区内表面打磨干净,喷锌粉喷剂来做防腐处理。

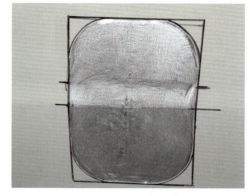

图 6-25　打磨成羽状边

⑥ 安装附件

在进行涂装后,安装车门装饰条及车门把手,安装位置如图 6-27 所示。

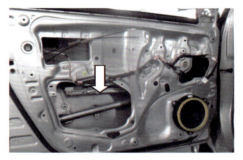 

图 6-26　车门拆装孔　　图 6-27　安装车门把手及装饰条位置

> **注意**
>
> 不要刮花漆面;在前门外把手框分总成、前门门锁总成、前门窗升降器分总成等的滑动部分涂抹通用润滑脂;重复使用已拆下的前门门锁总成时,给插接器换上一个新的门锁线束密封。

⑦ 整理场地

清理工具、量具及设备,打扫卫生。

三　评价与反馈

对本学习任务进行评价,见表 6-2。

评分表 表6-2

考核项目	评分标准	分数(分)	学生自评	小组评价	教师评价	小计
团队合作	是否和谐	5				
活动参与	是否积极主动	5				
安全生产	有无安全隐患	10				
现场5S	是否做到	10				
任务方案	是否正确、合理	15				
操作过程	拆卸车门外把手；拆卸车门装饰板总成；车门修复的效果	30				
任务完成情况	是否圆满完成作业	5				
工具和设备使用	是否规范、标准	10				
劳动纪律	是否能严格遵守	5				
工单填写	是否完整、规范	5				
总分		100				
教师签名：			年　月　日		得分	

练习题

一、单项选择题

1. 属于车门内饰件的(　　)。

　　A. 扶手座上板　　B. 门窗玻璃　　C. 外把手　　D. 铰链

2. 对于延展较大的板件,应进行(　　)处理。

　　A. 冷却　　B. 加热　　C. 挖补　　D. 收缩

3. 收缩时,将电热棒加热后,沿(　　)方向顺序进行直到中心的划动,使金属板受热。

　　A. 平行直线　　B. 垂直直线　　C. 螺旋线　　D. 渐开线

4. 在修复车门前,不需要(　　)。

　　A. 评估损坏情况　　B. 拆卸车门外把手

　　C. 防锈处理　　D. 拆卸车门饰板等附件

学习任务六　前车门的修复

5. 车前门线束插接器不包括(　　)。
   A. 扬声器　　　　　　　　　　　B. 门锁电机
   C. 玻璃升降器电机　　　　　　　D. 拉手外电机

二、多项选择题

1. 车门包括(　　)。
   A. 外蒙皮　　　　　　　　　　　B. 车门框架
   C. 车门装饰板　　　　　　　　　D. 车门风窗玻璃
2. 影响碰撞变形的主要因素包括(　　)。
   A. 车身结构　　　B. 天气　　　　C. 碰撞角度　　　D. 碰撞物
3. 车辆前部设置了吸能的结构是(　　)。
   A. 前纵梁　　　　B. 前保险杠　　C. 发动机舱盖　　D. 前围板
4. 车辆后部设置了正面冲撞吸能区的是(　　)。
   A. 后保险杠　　　B. 行李舱盖　　C. 后纵梁　　　　D. 后翼子板
5. 可以通过下列细节,发现间接损伤的是(　　)。
   A. 板件连接点错位　　　　　　　B. 装饰件间隙变大
   C. 板件油漆层损坏　　　　　　　D. 板件连接点断裂

学习任务七

前车门的更换

知识目标

能正确叙述前车门的更换流程。

能力目标

(1) 会对车门进行更换；
(2) 会对车门进行调整。

思政与素养目标

(1) 养成团结协作的好习惯，培养在学习中敢担当、能吃苦的好品质；
(2) 养成将折下来的部件妥善存放的好习惯。

建议学时

12 学时。

📝 学习情境描述

在一次事故中，一辆卡罗拉 1.6L 轿车的左前车门被撞变形而损坏，如图 7-1 所示，需要你对其进行更换。

图 7-1　需要更换的车门

学习任务七　前车门的更换

一　资料收集

引导问题1　车身板件的连接方式有哪些？

车身上的零部件的连接方式包括不可拆连接方式和可拆连接方式。

不可拆卸连接方式包括折边连接、铆钉连接、黏结连接和焊接连接等方式。折边连接用于发动机舱盖内外板等；铆钉连接用于连接不同材料；黏结连接一般用于配合螺钉连接、铆接、焊接等需要密封的板件；焊接一般用于金属板件之间牢固的连接，整体式车身结构中，所有的结构性板件都焊接在一起，如散热器支架、车门槛板、发动机舱的侧梁等。

可拆连接方式包括螺纹连接、卡扣连接和铰链连接等。螺纹连接方式主要用于覆盖件与车身的连接；卡扣连接主要用于内、外装饰件的连接，例如空气导流板的连接；铰链连接用于连接车门、发动机舱盖、行李舱等需要经常开关的部件。有的车使用无噪声门铰链，如图7-2所示，门铰链所有转动轴配有铰链轴套。铰链轴套采用聚四氟乙烯和钢网材料，具有自润滑、免维护特性。轴套与轴过盈配合可防止车门下沉。

图7-2　无噪声门铰链

引导问题2　怎样对车门进行调整？

在更换车门及修复严重损坏的门槛时，需要拆装车门。安装车门总成时，应确保车门与车门框紧密配合对中，保证车门与各处的缝隙宽度合适，开门时无运动干涉。车门是用铰链连接到车身上，通过铰链，车门可以做上下、前后、内外移动。

调整车门的步骤一般为：

（1）调整前，对车门关闭情况、铰链磨损情况、门手柄的动态及前后松动等不良情形进行检查及修复。

（2）原车门如果是用定心螺栓来将车门铰链固定在车身与车门上，车门上

a) 定心螺栓　　b) 标准螺栓

图 7-3　定心螺栓和标准螺栓

安装了定心螺栓后,不能调整车门。进行调整时,可用带垫圈的标准螺栓替换定心螺栓,如图 7-3 所示。

(3)如图 7-4 所示,先松开车身上的铰链螺栓,调整车门与前翼子板、门框等处的间隙。调整完毕后,紧固车身上的铰链螺栓。

(4)如图 7-5 所示,松开车门上的铰链螺栓并调整车门平齐度。调整完毕后,紧固车门上的铰链螺栓。

(5)用 T40 梅花套筒扳手稍微松开锁扣安装螺钉并用塑料锤敲击锁扣,以调整锁扣位置,如图 7-6 所示。调整完毕后,再次紧固锁扣安装螺钉。

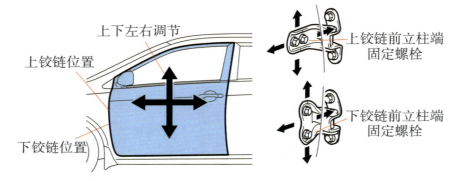

图 7-4　调整车门与翼子板等配合间隙

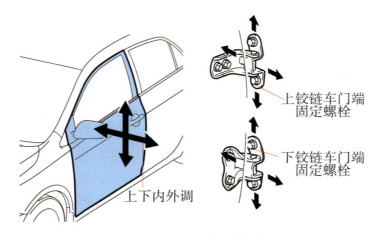

图 7-5　调整车门平齐度

学习任务七　前车门的更换

图 7-6　调整锁扣位置

引导问题 3　作业需要哪些工具、设备和材料？

（1）工具及设备：快速扳手、接杆、T30 梅花套筒扳手、气钻或电钻、φ4mm 钻头、铆钉机等。

（2）材料：新车门等。

引导问题 4　作业前的准备工作有哪些？

（1）汽车进入工位前，将工位清理干净，准备好相关的器材。
（2）将变速杆置于空挡，拉紧驻车制动器操纵杆或按下驻车制动开关。
（3）套上转向盘护套、变速杆手柄套和座椅套等，铺设脚垫。
（4）拉起发动机舱盖释放杆。
（5）拆卸左前轮。用三角木塞住后车轮，拆松左前轮轮胎螺栓，顶起前轮后拆卸前轮轮胎螺栓。
（6）断开蓄电池负极电缆时，将点火开关和前照灯变光开关均置于 OFF 位置，并完全拧松电缆螺母，进行这些操作时，不得扭曲或撬动电缆。然后断开电缆。

引导问题 5 更换前车门时需要注意哪些事项？

（1）不要触摸扬声器的音盆部分。

（2）更换车门以后，认真检查车门与翼子板、立柱、门槛之间的间隙与配合情况，如不符合要求，对车门进行调整。

（3）安装车门后，操纵门锁、电动车窗等开关，检查音响、后视镜功能。

引导问题 6 怎么样更换前车门？

车门是重要的部件，与门框的定位、间隙、密封要求都很高，如损伤严重，常采用更换车门门体的方法。

（1）拆卸前门内把手框、内饰板及拉手，如图 7-7 所示。安装内把手框、外拉手的时候，注意门锁拉杆的安装位置，外拉手和内把手框的配合位置，外拉手垫（图 7-8）安装的位置。

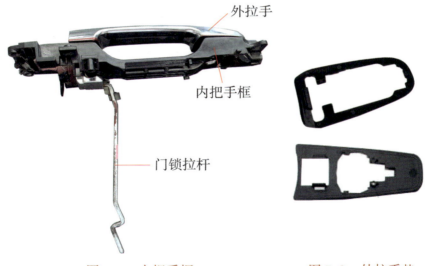

图 7-7　内把手框　　　　图 7-8　外拉手垫

（2）拆卸车门内饰件、附件。

①拆下左前后视镜及 2 号扬声器。

a. 脱开卡子和卡夹，并拆下前门下门框支架装饰条。脱开 3 个卡爪并拆下前 2 号扬声器总成。

b. 如图 7-9 所示，拆卸左前后视镜的 3 个固定螺钉，断开后视镜导线插接器，拆下后视镜。注意拆松固定螺钉后,要扶住后视镜,以防后视镜掉下损坏。

②拆卸1号扬声器总成。断开插接器,如图7-10所示,用直径小于ϕ4mm的钻头钻削3个铆钉,拆下前1号扬声器总成。操作时要小心,因为铆钉切口会很热。

如图7-11所示,安装扬声器时,使用气动铆钉机或手动铆钉机,用3个新铆钉安装前1号扬声器总成。检查并确认铆钉已正确安装到防护条上面。如图7-12所示,在将铆钉安装到防护条上时,不要倾斜铆钉机。在铆钉头和防护条之间不要留有任何空隙。如果无法切除铆钉,则向外拔一下铆钉后再切除。连接插接器。

图7-9　拆卸后视镜固定螺栓

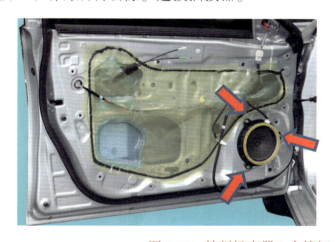

图7-10　钻削扬声器3个铆钉

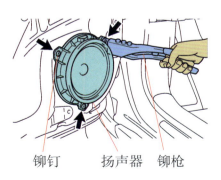

图7-11　安装扬声器

③如图7-13所示,拆卸车门装饰板支架。

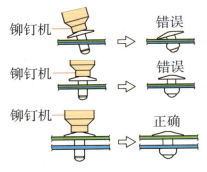
图7-12 铆接方法

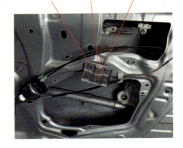
图7-13 车门装饰板支架

④拆卸前门玻璃分总成。连接蓄电池负极端子,连接电动车窗升降器主开关总成,并移动前门玻璃分总成以便能看到车门玻璃螺钉。断开蓄电池负极端子和电动车窗升降器主开关总成。拆下螺钉后,车门玻璃可能掉落,造成损坏。为此需要一名技师扶住前门玻璃,另一名技师拆下2个螺钉。如图7-14所示,拆下前门玻璃分总成。

⑤拆卸前门窗升降器分总成。拆卸前门窗升降器分总成,断开插接器,拆下5个螺钉,将前门窗升降器分总成和前电动车窗升降器电动机总成作为一个单元拆下。从前门窗升降器分总成上拆下临时螺钉。

⑥拆下螺钉,拆下导管和前门2号加强垫。

⑦拆下前门玻璃升降槽。

⑧如图7-15所示,脱开卡子并拆下门框装饰条。需要换用新的卡子,因为在拆下门框装饰条时卡子会损坏。

图7-14 拆下前门窗玻璃分总成

图7-15 拆下门框装饰条

⑨参考学习任务二,拆卸前门外把手盖。

⑩拆卸前门门锁总成(图7-16)。

a.用T30梅花套筒扳手拆下3个螺钉,向下滑动前门门锁总成,将前门门锁总成和拉索作为一个单元拆下。将门锁线束密封从前门门锁总成上拆下。

b. 拆下前门锁止遥控拉索总成。

c. 用螺丝刀脱开3个卡爪,拆下前门内侧锁止拉索总成。

d. 使用内梅花套筒扳手拆下螺钉,断开插接器,脱开卡爪,用钳子脱开密封垫。脱开卡爪并拆下前门外把手框分总成。

e. 如图7-17所示,拆卸前门锁开启杆。

图7-16　拆下前门门锁　　　　　图7-17　拆下前门锁开启杆

f. 拆下螺钉和车门电子钥匙振荡器。

(3) 拆下车门。

① 如图7-18所示,拆下螺钉、2个螺母和前车门开度限位器总成。车门限位结构如图7-19所示。车门开度限位器的作用是限制车门打开的程度。它不仅可以限制车门的最大开度,防止车门开度过大,还可在需要时使车门保持开启时(如遇到不大的刮风)车门也不会自动关上。车门开度限位器是由限位器主臂、限位器盒、限位器转轴等组成,限位臂上做有高低不同的结构,弹性橡胶块会产生弹性变形,在每一个限位的位置点,便能起到对车门的限位作用。

图7-18　拆下前车门开度限位器总成

图 7-19　车门开度限位器

② 如图 7-20 所示，用卡子拆卸工具脱开 16 个卡子，并拆下前门密封条。

图 7-20　拆下前门密封条

③ 在前门腰线防护条总成四周粘贴保护性胶带。用头部缠有胶带的螺丝刀脱开车门内部的 5 个卡爪。用防护条拆卸工具，脱开卡子并拆下前门腰线防护条总成。

④ 拆下车门上所有线束，如图 7-21 所示。

图 7-21　拆下车门上线束

⑤ 一名技师扶住车门，另一名技师拆卸车门铰链固定螺钉，如图 7-22 所示。

⑥ 确认车门框或门槛是否需要修复，检查车门铰链是否损坏，如图 7-23 所示。

（4）视情况修复门槛、门框等车门相关部件。

（5）安装车门附件及调整。按拆卸相反顺序安装车门，安装后，对车门与门框的配合进行检查，如图 7-24 所示，各处的间隙应匀称合适。进行涂装处理后，安装车门附件及内饰件。关闭车门玻璃，检查玻璃与其导槽之间有无间隙存在,若有,则应进行调整。对电动窗功能进行检查,上下移动玻璃,检查玻璃是否可以移动自如。对门锁、扬声器、后视镜、门灯等进行检查。

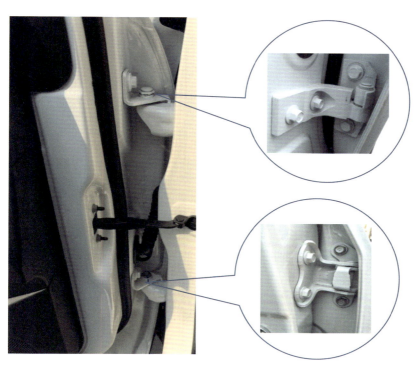

图 7-22　拆卸车门铰链

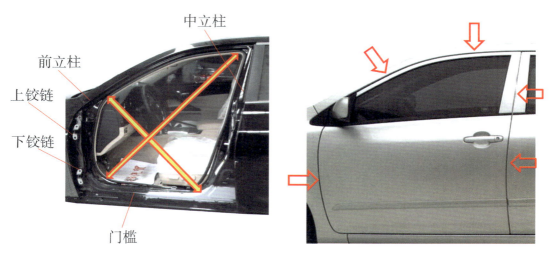

图 7-23　检查车门框及门槛　　　　　图 7-24　检查车门配合情况

(6)整理场地。清理工具、量具及设备,打扫卫生。

三 评价与反馈

对本学习任务进行评价,见表7-1。

评分表　　　　　　　　　　　　　　　　　　　　　　表7-1

考核项目	评分标准	分数(分)	学生自评	小组评价	教师评价	小计
团队合作	是否和谐	5				
活动参与	是否积极主动	5				
安全生产	有无安全隐患	10				
现场5S	是否做到	10				
任务方案	是否正确、合理	15				
操作过程	拆装车门框架；拆装前车门附件；拆装车门框架；对车门进行调整	30				
任务完成情况	是否圆满完成作业	5				
工具和设备使用	是否规范、标准	10				
劳动纪律	是否能严格遵守	5				
工单填写	是否完整、规范	5				
总分		100				
教师签名：			年　月　日		得分	

练习题

一、单项选择题

1. 车门和侧围门框采用(　　)连接。
   A. 螺钉　　　　B. 卡扣　　　　C. 铰链　　　　D. 焊接
2. 车门内1号扬声器和车门采用(　　)连接。
   A. 螺栓　　　　B. 铰链　　　　C. 铆接　　　　D. 螺钉
3. 车门限位器对车门限制通常是(　　)个位置。

学习任务七　前车门的更换

  A.1　　　　　B.2　　　　　C.3　　　　　D.4
4.观察实训车辆门内拉手和门锁采用(　　)传动。
  A.拉杆　　　　B.齿轮　　　　C.导线　　　　D.拉线
5.关于调整车门衔接间隙,不正确的是(　　)。
  A.视需要更换车门铰链的紧固螺栓
  B.先调整车身上的紧固螺栓
  C.先调整车门上的紧固螺栓
  D.最后调整锁扣位置

二、多项选择题

1.不可以拆卸的连接方式包括(　　)。
  A.折边连接　　B.铆钉连接　　C.焊接连接　　D.螺栓连接
2.可拆卸的连接包括(　　)。
  A.黏结连接　　B.螺栓连接　　C.螺钉连接　　D.铰链连接
3.调整车门前需要(　　)。
  A.检查车门关闭情况　　　　B.检查铰链磨损情况
  C.检查车门是否会漏水　　　D.检查车门与立柱等衔接间隙
4.更换前车门需要注意(　　)。
  A.不要触摸扬声器的音盆部分
  B.需要检查车门与翼子板等衔接间隙
  C.安装车门后,需要检查门锁的功能
  D.安装车门后,需要检查升降器的功能
5.车门装饰板和车门采用(　　)连接。
  A.螺钉　　　　B.卡子　　　　C.卡夹　　　　D.粘接

学习任务八

前风窗玻璃的更换

知识目标

(1) 能描述风窗玻璃的作用；
(2) 能叙述更换前风窗玻璃的流程。

能力目标

(1) 会更换前风窗玻璃；
(2) 会处理前风窗玻璃漏水、漏风的故障。

思政与素养目标

(1) 养成干净卫生的作业习惯；
(2) 养成工作注意细节的习惯，培养为客户提供精细化服务的意识。

建议学时

6学时。

学习情境描述

在一次事故中，一辆卡罗拉1.6L轿车的前风窗玻璃受损开裂，如图8-1所示，需要你对其进行更换。

图8-1 开裂的前风窗玻璃

一、资料收集

引导问题1 轿车前风窗玻璃的作用是什么?

前风窗玻璃结构如图8-2所示,它与前风窗框之间装有防护条和密封条,实现密封作用。汽车前风窗玻璃起挡风、遮雨、密封、采光和装饰作用。另外玻璃的安全作用也不能忽视,前风窗玻璃的安全作用包括以下方面:在碰撞后,不能完全失去透明度,以致严重影响驾驶人视线;碰撞后,玻璃片不能出现尖棱状,否则容易造成人员的伤亡;风窗玻璃应能提高车身前立柱的刚性。

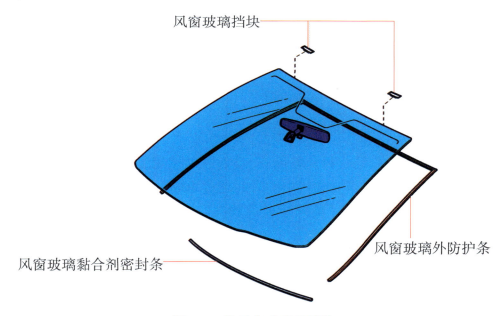

图8-2 前风窗玻璃的结构

为了保证前风窗玻璃的安全,轿车普遍采用夹层玻璃,它一般是用两块或三块薄玻璃板,中间夹入透明胶层经强力压制而成。在受到重击时,就会瞬间变成带钝边的小碎块,中间夹层可以将破碎的玻璃黏结在一起,不会给人员造成更大的伤害。

前风窗玻璃还应具有和谐的外观,轿车前风窗玻璃一般具有和车身衔接适合的倾角,使车身整体成楔形,外形美观,具有鲜明的流线感。

引导问题2　使用前风窗玻璃的黏结剂有何要求？

现代轿车前、后风窗玻璃和后侧围玻璃均采用黏结固定。更换风窗玻璃时，外防护条变形也需要更换。

黏结剂通过表面黏结及其内在强度连接所黏结的表面，黏结剂只有在绝对清洁的表面才能完全发挥黏结作用，所以在黏结之前，要将风窗框和风窗玻璃两个黏结面上的残留物进行清理。用专用的非残留性溶剂和干净的除尘布或吸油纸（图8-3）除去表面的油脂，严禁为了达到方便的目的而使用汽油或香蕉水代替专用的去油剂。

图8-3　吸油纸

目前汽车玻璃的黏结材料是玻璃胶，玻璃胶的使用受风干时间、环境温度和相对空气湿度等影响，暴露在空气中的时间超过10min，表面会形成薄膜，影响黏结效果。在操作过程中，应尽量缩短玻璃胶在空气中的风干时间并选择在环境温度低和风速小的工作环境中。

更换风窗玻璃后，需要保持黏结固化时间，在黏结剂固化过程中，常使用胶带辅助黏结前风窗玻璃和车身。黏结剂固化过程30min内如确需移动车辆，只能以5km/h低速行驶，严禁紧急制动，以防风窗玻璃移动，引起漏水和漏风。12h后黏结剂完全固化，才能正常行驶。

引导问题3　前风窗玻璃漏水、漏风的原因有哪些？

并非更换前风窗玻璃才需要对风窗玻璃进行拆卸及安装，如果前风窗玻璃漏水，有时也需要对风窗玻璃进行拆装，造成前风窗玻璃漏水或往仪表台面漏风的原因包括以下三个方面：

（1）前风窗玻璃与风窗框配合不好。一般是因为前风窗框修复没有达到要求，例如对角线尺寸没达到标准尺寸，平面度、弧形度没达到安装玻璃的要求。解决办法是拆下前风窗玻璃，对玻璃框重新进行修复矫正，使玻璃框与前风窗玻璃相吻合。

（2）黏结面的清理、清洁不到位。例如未使用正确的清洁剂或使用代替品清洁玻璃框表面及玻璃黏结面等，造成玻璃框和黏结剂、黏结剂和玻璃不能紧密结合，如图8-4所示。解决此种情况必须拆卸前风窗玻璃，重新按标准工艺、操作规范进行安装。

（3）其他原因。例如黏结剂未涂抹均匀，出现高度太低、断口、搭接不紧密、气孔等现象，黏结剂涂抹太高也不好，玻璃安装后会看见多余的黏结剂，影响美观。解决办法是挤玻璃胶时保持高度一致，为10～12mm，换玻璃胶时前后段的玻璃胶不是对接而是搭接，如图8-5所示。构件在碰撞或修复过程中，在角落部位搭接处出现开裂、开焊等现象，解决办法是进行焊接修复。玻璃框修复后没进行防锈处理，生锈造成玻璃胶和玻璃框不能结合，或者防锈漆有质量问题也会导致此种现象，解决办法是采用厂家指定的防锈漆按照规范进行防锈处理。

图8-4 玻璃框表面

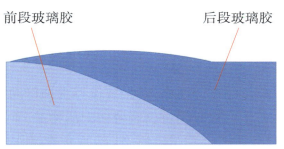

图8-5 前后段玻璃胶搭接

二 实施作业

引导问题4 作业需要哪些工具和材料？

（1）工具和设备：小铲刀（图8-6）、美工刀、钢丝拉手及钢丝（图8-7）、吸盘（在有条件的情况下准备，如图8-8所示）、玻璃胶枪（图8-9）、翼子板护垫、仪表台保护垫、扳手、螺丝刀、卡子拆卸工具、零件胶箱。

图 8-6　小铲刀　　　　图 8-7　钢丝拉手及钢丝　　　　图 8-8　吸盘

(2) 材料:前风窗玻璃、玻璃外防护条、玻璃胶、除油剂、除尘布、纸胶带(图 8-10)。

图 8-9　玻璃胶枪　　　　　　　图 8-10　纸胶带

引导问题 5　更换前风窗玻璃需要注意哪些事项?

(1) 拆卸内饰件时,要保持内饰件的清洁。

(2) 检查确定仪表台面上的物品(如香水座、饰品)及前风窗玻璃上是否有缴费卡插座,是否需要先卸下,以免在操作过程造成损坏。

(3) 如果前立柱被撞损伤需要修复,应检查两前立柱旁内饰板及靠近前风窗玻璃的车顶内饰板是否有加装的导线,以防在修复过程中造成损坏。

(4) 在更换前风窗玻璃作业中,需要清理残余的玻璃胶,注意保护手不要被割伤或被清洁剂等损伤皮肤。

(5) 在用压缩空气枪吹风窗玻璃碎片、灰尘时,务必戴上护目镜和防尘面具。

引导问题 6　作业前的准备工作有哪些?

(1) 汽车进入工位前,将工位清理干净,准备好相关的器材。

学习任务八　前风窗玻璃的更换

（2）将变速杆置于空挡,拉紧驻车制动器操纵杆或按下驻车制动开关。

（3）套上转向盘护套、变速杆手柄套和座椅套等,铺设脚垫。安装两前翼子板护垫,安装仪表台保护垫。

（4）拉起发动机舱盖释放杆。

（5）如果前风窗玻璃被撞碎,需要细心清理碎片,可以用专用吸尘器来清理。

引导问题7　怎样更换前风窗玻璃?

更换风窗玻璃是一项非常细致的工作,不细心操作会造成漆面和仪表台刮花、玻璃漏水和漏风或者玻璃损坏。

1　拆卸前风窗玻璃相关附件

（1）拆卸前刮水器臂2个端盖,如图8-11所示。
（2）拆下2个刮水器臂锁紧螺母及2个前刮水器总成。
（3）脱开卡子并拆下前围板左通风栅板,如图8-12所示。

图8-11　拆卸前刮水器臂端盖

图8-12　拆卸左通风栅板

（4）脱开卡子和14个卡爪,并拆下右前围板上通风栅板。脱开卡子和8个卡爪,并拆下前围板右通风栅板,如图8-13所示。按同样方法拆卸左通风栅板。

2　拆卸驾驶室内相关附件

（1）保持手的清洁或戴上干净的手

图8-13　拆卸右通风栅板

套,用干净的工具拆下前立柱左侧装饰板,如图8-14所示。按同样方法拆卸前立柱右侧装饰板。前立柱装饰板拆卸后里面有电器及导线,如图8-15所示,切割玻璃胶时要注意保护。

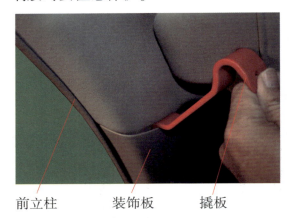

图8-14　拆卸左侧前立柱装饰板　　　　图8-15　前立柱上的电器及导线

（2）常用的轿车车内后视镜分为手动防炫目后视镜和电子防炫目后视镜,如图8-16所示。手动防炫目车内后视镜可以通过扳动手动防炫目开关,改变车门后视镜的角度,达到防炫目的目的。电子防炫目车内后视镜内部有光敏元件和电子控制器,按下电子防炫目开关后,电子控制器会根据光敏元件改变镜面电化层的颜色,从而达到防炫目的目的。

a）手动防炫目车内后视镜　　　　b）电子防炫目车内后视镜

图8-16　车内后视镜

按照图8-17拆下车内后视镜固定螺钉,或按图中箭头指示的方向滑动车内后视镜总成,将车内后视镜拆下。电子防炫目车内后视镜有连接线束,拆下后视镜后,要将车后视镜插头连接线束轻轻向外拉直,避免线束在顶篷内有因折叠而造成折断现象。

学习任务八 前风窗玻璃的更换

a)拆下固定螺钉　　　　　　　　b)滑动车内后视镜

图8-17　拆下车内后视镜

3 拆卸前风窗玻璃

（1）如图8-18所示，用美工刀切开前风窗玻璃上侧外防护条。切割时，美工刀应尽可能靠近玻璃的边缘，控制力度，以防造成人身伤害和损坏周围的漆面、附件。

（2）从车内将钢丝穿过车身和风窗玻璃之间的接缝，在钢丝的两头系上钢丝把手，沿风窗玻璃分总成周围拉动钢丝以切除黏结剂，如图8-19所示。

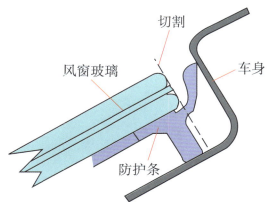

图8-18　外防护条切割示意图　　图8-19　钢丝穿过车身和风窗玻璃之间的接缝

> **注意**
>
> 完成此步骤时，需要两名技师协作，一名技师在车内，另一名技师在车外，自车内侧和外侧沿风窗玻璃边缘交替地拉钢丝以切割玻璃胶，切割时钢丝接近玻璃，并始终张紧，如图8-20所示。

从车上分离风窗玻璃分总成时,注意不要损坏车身油漆或内外装饰件,在车身上尽可能多留黏结剂;切割过程中,为了防止刮伤仪表板,在钢丝和仪表板之间要放置一块塑料板或硬纸板。

(3)使用吸盘拆下风窗玻璃,如图 8-21 所示,也可以按图 8-22 所示的方法,两名技师一起抬下需要更换的玻璃。

图 8-20　两名技师切割玻璃胶

图 8-21　用吸盘卸下风窗玻璃

图 8-22　拆取玻璃

4　进行清理

(1)取下风窗玻璃后,用吸尘器或气枪清理残留的玻璃碴。

(2)清理后,用小铲刀刮除窗框凸缘上残留的玻璃胶

(3)修整凸缘表面,使之光滑平整。当心不要损伤车身表面的漆层。如果漆层表面损伤,应使用防锈剂处理损伤区域并喷涂漆面。

(4)用除油剂和除尘布清洁玻璃框表面。

5　安装前风窗玻璃

(1)两名技师协作将风窗玻璃从包装盒中取出,安放牢固,不刮花玻璃表面。

(2)用非残留性溶剂清洗玻璃外边缘。清洁后不能再触摸玻璃,如图 8-23 所示。即使使用新玻璃,也要用非残留性溶剂清洁玻璃。如果安装从车上拆卸

下来的风窗玻璃,需要使用小铲刀拆下损坏的挡块、密封条和刮除黏在玻璃上的玻璃胶。

（3）安装风窗玻璃外防护条,如图 8-24 所示。在风窗玻璃上安装新的风窗玻璃外防护条。

图 8-23　清洗玻璃外边缘　　　图 8-24　安装风窗玻璃外防护条(单位:mm)

（4）切掉玻璃胶枪嘴头后,将玻璃胶筒装在胶枪上,将玻璃胶涂到玻璃上。应在环境温度为35℃时,15min 内完成作业;在环境温度为20℃时,30min 内完成作业。

玻璃胶存放 6 个月以上,会失去密封效能。应保存在低温处,不要直接暴露在阳光下。玻璃胶上不要放置任何重物,否则它会变形。

为了便于形成高度为 10～12mm 和宽度为 8～10mm 的涂胶轮廓,应使胶枪枪孔直径为 φ5mm,玻璃胶枪嘴端部切割成 V 形以方便玻璃胶的涂敷,如图 8-25 所示。涂胶后的玻璃要按定位标记镶装到车窗,握空拳轻捶玻璃的四个外边缘,压平、压紧,最后用小铲刀刮去溢出的玻璃胶。

（5）将玻璃放到正确的位置,要使玻璃边缘的整个接触表面完全平整。轻压玻璃外表面,确保其牢固安装到车身上。

（6）如有必要,用小铲刀修正涂抹的玻璃胶的高度或位置,如图 8-26 所示。

 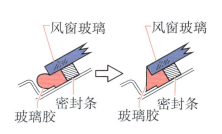

图 8-25　V 形胶枪嘴(单位:mm)　　　图 8-26　修正玻璃胶高度

（7）用保护性胶带固定风窗玻璃，如图8-27所示，直到涂抹的玻璃胶硬化为止。要根据环境温度，选择在相应的时间驾驶车辆，例如在环境低于温度35℃时，不要在12h内驾驶车辆；在环境低于温度20℃时，不要在24h内驾驶车辆。

图8-27　用保护性胶带固定风窗玻璃

6 安装附件

按拆卸相反顺序安装相应附件。

7 检查玻璃应无漏水现象

玻璃胶硬化后，在玻璃周围喷水。检查有无水渗入车厢，如果有，等水干后，补涂玻璃胶或拆下风窗玻璃重新安装。检查前刮水器摆动幅度是否在标准范围之内，如前风窗玻璃的刮水器喷水在刮水器臂上的，在按下喷水开关时是否有玻璃洗涤剂喷出，喷水角度是否合适；内后视镜的角度调回原状。

更换后在行驶过程中发出维修之前没有的异响，一般原因如下：前风窗玻璃下饰板的流水槽内有残留的玻璃碎片、物品或工具，前风窗玻璃前围板通风栅板安装不到位或固定卡扣松动，必要时更换新卡扣。

8 清洁车身

先用非残留性溶剂清洗撕去保护性胶带后留下的残余胶，然后对车的外表进行清洗；再对车的仪表台、内饰进行清洗，所有物品回归原位。

9 整理场地

清理工具、量具及设备，打扫卫生。

学习任务八 前风窗玻璃的更换

三 评价与反馈

对本学习任务进行评价,见表8-1。

评分表　　　　　　　　　　　　　　　　　　　　　　　表8-1

考核项目	评分标准	分数(分)	学生自评	小组评价	教师评价	小计
团队合作	是否和谐	5				
活动参与	是否积极主动	5				
安全生产	有无安全隐患	10				
现场5S	是否做到	10				
任务方案	是否正确、合理	15				
操作过程	前风窗玻璃周围附件的拆卸; 前风窗玻璃的拆卸; 前风窗玻璃的安装; 前风窗玻璃的检验	30				
任务完成情况	是否圆满完成作业	5				
工具和设备使用	是否规范、标准	10				
劳动纪律	是否能严格遵守	5				
工单填写	是否完整、规范	5				
总分		100				
教师签名:		年　月　日			得分	

练习题

一、单项选择题

1. 前风窗玻璃在碰撞后,不能出现(　　)。

　　A. 玻璃片成尖棱状

　　B. 玻璃裂开

　　C. 玻璃出现漏风

2. 前风窗玻璃和车身之间采用(　　)连接。
   A. 黏结剂　　　　B. 铰链　　　　C. 铆接　　　　D. 卡子
3. 更换前风窗玻璃后,(　　)后黏结剂才能完全固化,车辆才能正常行驶。
   A. 10min　　　　B. 30min　　　　C. 1h　　　　D. 12h
4. 为了形成需要的轮廓,玻璃胶枪嘴端部一般切割成(　　)形。
   A. T　　　　B. W　　　　C. 梯　　　　D. V
5 更换风窗玻璃后,风窗玻璃附近发出维修前没有的异响,原因不包括(　　)。
   A. 流水槽有玻璃碎片　　　　B. 流水槽有物品
   C. 玻璃胶有杂质　　　　D. 前围板左通风格栅固定卡扣松动

二、多项选择题

1. 前风窗玻璃具有(　　)作用。
   A. 挡风遮雨　　　　B. 密封　　　　C. 采光　　　　D. 缓冲
2. 前风窗玻璃漏水,可能存在的原因包括(　　)。
   A. 前风窗玻璃尺寸太小　　　　B. 黏结剂质量不合格
   C. 黏结剂有气孔　　　　D. 风窗框锈蚀
3. 清理碎玻璃时,必须(　　)。
   A. 戴听力保护器　　B. 戴护目镜　　　　C. 佩戴口罩　　　　D. 戴隔热手套
4. 更换风窗玻璃时,如果不细致可能会发生(　　)。
   A. 前立柱漆面刮花　　　　B. 仪表台刮花
   C. 前风窗玻璃漏水　　　　D. 前风窗玻璃裂开
5. 拆卸前风窗玻璃前,需要拆卸(　　)。
   A. 黏结在玻璃上的缴费卡座　　　　B. 车内后视镜
   C. 刮水臂　　　　D. 前围板

学习任务九

前立柱的更换

知识目标

(1) 能叙述轿车立柱的结构；

(2) 能叙述 CO_2 保护焊的特点。

能力目标

(1) 能进行前立柱的更换；

(2) 能进行 CO_2 保护焊操作。

思政与素养目标

(1) 培养良好的工作态度，以科学的态度对待科学；

(2) 养成独立思考、解决问题的良好习惯。

建议学时

12 学时。

📝 **学习情境描述**

在一次事故中，一辆卡罗拉 1.6L 轿车的左前立柱被撞变形，需要你对其进行更换。

一 资料收集

引导问题1 ▶ 轿车前立柱的结构是怎样的？

轿车立柱包括前立柱（A柱）、中立柱（B柱）与后立柱（C柱）三种，它是车身上用以支撑车顶板的梁，并为打开车门提供方便，具有很大的强度和刚度。前立柱与防碰撞横梁连接，确保在万一发生严重侧撞或翻车事故时碰撞冲击力不侵入乘员安全空间，保护乘客的安全，如图9-1所示。

车身前立柱是汽车车身结构的重要构件，前立柱的形状随车身的不同而变化，如图9-2所示。在前立柱的上端或下端增加加强筋，或在两端均采用加强筋。前立柱是箱形钢梁，它向上延伸到车顶，向下延伸到车门下槛板。

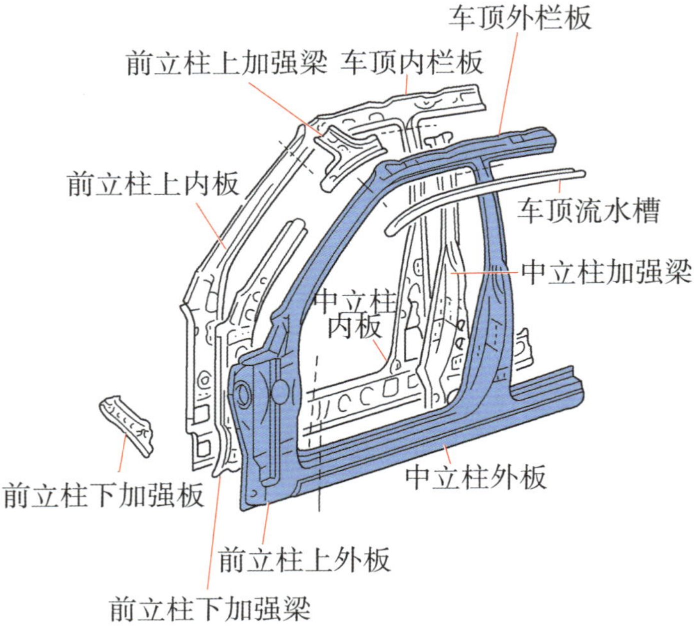

图9-1 前立柱和防撞梁

图9-2 车身前立柱结构图

引导问题2 CO_2 保护焊焊机的基本结构和原理是怎样的？

在汽车车身修复过程中，经常要进行焊接操作。CO_2 保护焊是最为常见的惰性气体保护焊，它能克服焊接过程中金属薄板产生穿孔、变形等问题，而且有环境清洁、焊接质量好、作业效率高、密封性能好、简单易学等优点。

CO_2 保护焊焊机包括主机箱、焊枪、搭铁线、电源线、CO_2 气瓶等，如图9-3所示。焊接时焊丝以一定的速度自动进给，在母材和焊丝之间出现电弧，电弧的热量使焊丝和母材熔化，将母材熔合连接起来。在焊接过程中，采用 CO_2 气体对焊接部位进行保护，以免母材接触到空气而被氧化。

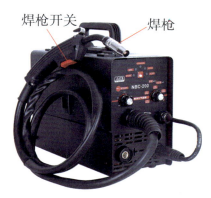

图9-3　CO_2 保护焊焊机

引导问题3 CO_2 保护焊焊机的参数怎么选择？

采用 CO_2 保护焊焊接时需要对焊机输入电压、焊接电流、电弧电压、导电嘴与板件之间的距离、焊炬角度、焊接方向、CO_2 气体流量、焊接速度和送丝速度进行调整，CO_2 保护焊调整项目的影响及调整方法见表9-1。

CO_2 保护焊调整项目的影响及调整方法　　　　表9-1

调整项目	影响情况	调整方法
焊接电流	焊接电流影响板件焊接熔深、焊丝熔化速度、电弧的稳定、焊接飞溅物的数量等； 电流强度增加时，焊接熔深、剩余金属的高度和焊缝的宽度也会增加	当焊丝直径为φ0.6mm，金属板厚分别为0.6mm、0.8mm、1.0mm、1.2mm时，调节电流分别为20～30A、30～40A、40～50A、50～60A
电弧电压	电弧电压决定电弧长度。电弧电压过高时，电弧的长度增大，熔深减小，焊缝呈扁平状，焊接的飞溅物也增加。电压过低则引弧困难	根据引弧后的工作状态，可判断电压调整的是否合适。如果焊接时能听到一股连续的"咝咝"或轻微的爆裂声则为正常

续上表

调整项目	影响情况	调整方法
导电嘴到工件的距离	若导电嘴到工件的距离过大,焊丝的伸出量就长,同时CO_2气体的屏蔽作用也相应减弱。若此距离过小,焊丝端头被喷嘴挡住,使观察焊接操作和质量都有困难	一般选择7~15mm
焊枪角度	影响熔深	焊枪的角度为10°~30°
CO_2气体流量	流量太大,会形成涡流而降低保护层效果;流量太小,保护效果也会降低	根据导电嘴到工件的距离,焊接电流等进行调整。常用的CO_2气瓶如图9-4所示,气压表的范围是0~25MPa,流量计的范围0~25L/min,采用焊细丝时通过流量调整开关调节流量6~15L/min
焊接速度	焊接速度过快将会使熔深、熔宽变小,焊缝呈圆拱形并且容易发生咬边现象,而焊接速度过慢则会造成焊件烧穿。正确的焊接速度由焊件板厚及电弧电压所决定	当板件厚度为0.6~0.8mm时,焊接速度为1.1~1.2m/min;当板件厚度为1.0mm时,焊接速度为10m/min;当板件厚度为1.2mm时,焊接速度为0.9~1.0m/min

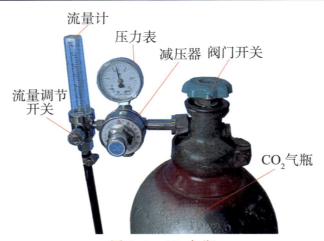

图9-4 CO_2气瓶

引导问题4 ▶ 怎样使用 CO_2 保护焊焊机？

（1）打开焊机电源开关，调整气压，显示所用气体的流量。打开主气瓶、在调整输出到气瓶减压器的气体流量时，只要把焊机的主开关打开即可。注意：不要将焊机控制面板上的送丝速度、时间微调、延时设定、电流挡位开关先打开。若打开其中某个控制开关，在调整输出气体流量时，焊机中的焊丝就会和气体同时喷出，这样的操作方式就会浪费掉一段焊丝。金属板厚、焊丝直径、焊机电流的关系见表9-2。

金属板厚、焊丝直径和电流的关系　　　　　　　表9-2

焊丝直径 (mm)	金属板厚（mm）						
	0.6	0.8	1.0	1.2	1.4	1.6	1.8
0.6	20~30A	30~40A	40~50A	50~60A	—	—	—
0.8	—	—	40~50A	50~60A	60~90A	100~120A	—
1.0	—	—	—	—	60~90A	100~120A	120~150A

（2）根据焊接方式选择相应的焊接电流和送丝速度等。塞焊、对接焊：电流在4挡、送丝速度在3.5~4.0之间、延时开关调整为2.5~3.5之间，如图9-5所示。

（3）调整导电嘴到母材的距离。

（4）焊接前将 CO_2 保护焊焊机负极线夹在干净、最接近焊件但不妨碍操作的金属裸面上。

（5）焊接时焊枪的基本操作分为引弧、摆动、收弧过程。

①引弧。引弧前先送出一段焊丝，用钢丝钳贴着导电嘴剪去焊丝端部的焊瘤，将焊丝从导电嘴伸出长度为5~8mm。剪去焊瘤时不要将导电嘴指向操作人员或他人，剪去的焊瘤放到铁的废物箱中。将焊枪保持合适的倾角，左、右焊接法均为10°~15°，如图9-6所示。

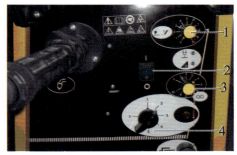

图9-5　焊机控制面板
1-连续/脉冲选择开关；2-焊机主电源开关；3-送丝速度选择旋钮；4-电流调节旋钮

焊丝端部到工件的距离为2~4mm，启动开关同时送出焊丝，焊丝与焊件短路后自动引燃电弧，因短路时焊枪会自动顶起，故要稍用力向下压焊枪，电弧引燃后缓慢返回端部。焊接熔池良好后，即以正常速度施焊，如图9-7所示。

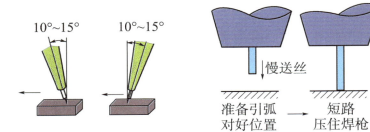

图9-6 喷嘴和钢板的焊接角度　　图9-7 引弧过程

②摆动焊枪。在焊接薄板过程中,尽量采用短弧焊接,并使焊丝伸出长度变化最小,同时要保持焊枪合适的倾角和导电嘴高度。立焊时可从上向下焊接,也可从下向上焊接,焊接时焊枪导电嘴略向上倾斜,在引弧后确定好焊缝宽度的情况下,沿需要焊接方向均匀移动。仰焊时应在引弧后确定好焊缝宽度的情况下,缓慢沿着焊缝宽度均匀移动到操作者面部方向焊接。

③收弧过程。焊接处在熔池未凝固时,停止焊枪移动,直到焊接处填满为止,操作时动作要快。但在焊接工件收弧快结束时,若收弧太快,焊缝得不到最佳效果保护,很容易在焊缝或焊点的收弧处出现金属收缩,金属收缩就是在金属受热过程中迅速冷却造成的。为了避免出现这种现象,可以在焊接结束收弧时,将焊枪的保护套停留在焊接物的最后受热处3~5s。

引导问题5　CO_2 保护焊的焊接方式有哪些?

按焊接方式,可以将 CO_2 保护焊焊接分为塞焊、对接焊、搭接焊。

二氧化碳保护焊的焊接方式

❶ 塞焊

如图9-8所示,将两块金属板叠在一起,其中一块板上有8mm的通孔,搭接另一个完整的焊片,电弧穿过此孔,并且该孔被熔化金属所填满而形成的焊点称为塞焊,即通过对孔的焊接把两个板件焊接在一起。

用 CO_2 保护焊进行塞焊,是车身维修中应用比较广泛的一种焊接形式,适宜两块钢板的搭接。焊接前将其中一块钢板钻孔或冲孔,并将其夹紧贴合紧密。焊接时焊枪与焊件表面接近垂直,当孔径大于或等于8mm时,沿孔周边缓慢运枪一圈绕向中心。当小于8mm时,可将焊枪直接对准中心不动,将孔焊平。塞焊的焊点以略高出焊件平面为宜,过高将给打磨带来困难,过低则使强度不足甚至造成脱焊。

塞焊的立焊单孔焊,我们把8mm孔当作360°圆来比较,就相当于把它当作手表的秒针在转动,从 8mm 圆孔开始绕圈,从手表中 3 点开始引弧,360°到了后,再从 3 点向里圈绕 90°~160°到 8mm 孔中心开始收弧,如图 9-9 所示。即顺时针走一圈慢慢往里缩,共一点四圈。一定要将焊枪掌握稳,将焊丝与焊枪的伸出长度匹配成 5~8mm。

塞焊的仰焊,我们把 8mm 孔当作 360°圆来跑秒针,从 6 点或者 12 点开始引弧时,顺时针走 1.2~1.4 圈,先从 8mm 孔向最外圈绕着走 360°后,再向里圈绕 90°~160°到中心开始收弧。

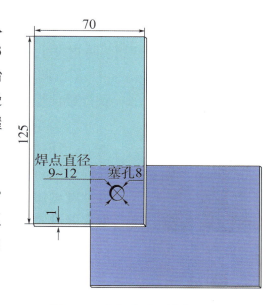

图 9-8　塞焊方式(单位:mm)

2　对接焊

对接焊是将两个相邻的金属板边缘安装在一起,沿着两个金属板相互配合或对接的边缘进行焊接的一种方法。练习对接焊时,可以把 3 片 125mm×70mm 的薄钢板作为 1 组焊片,其中 2 片焊片长边对接,一片放在下面作为衬板,在 2 片薄钢板的对接缝上进行焊接,将 3 片薄钢板焊接在一起,焊缝长度为 25~28mm,如图 9-10 所示。

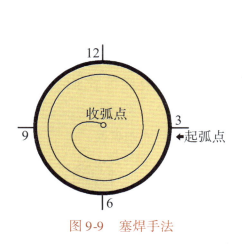

图 9-9　塞焊手法

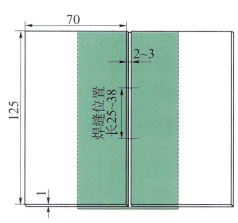

图 9-10　对接焊方式(单位:mm)

(1)对接焊时,以 15~20 倍板厚(12~16mm)的间隔先行定位点焊,以防止金属板焊接时发生变形。

(2)从焊缝中部开始,向左右两侧依次交替进行焊接,才能有效防止金属弯曲变形。

（3）为了便于观察，防止发生偏焊，对接焊一般采用左向施焊的方法。

（4）调节导电嘴至母材的距离与焊炬移动速度，直至获得最佳焊缝。

（5）当钢板厚度小于0.8mm时，为了防止烧穿，应采用点焊；当钢板厚度等于或大于0.8mm时用对接焊。所有焊件焊接缺陷目测检测标准为：工件正面为5mm≤对接焊的焊缝宽度≤10mm；工件背面为对接焊的焊缝宽度≤5mm。正面焊缝最大高度≤3mm，背面焊缝最大高度≤1.5mm，效果如图9-11所示。

图9-11　焊缝

❸ 搭接焊

搭接焊是指利用金属片的重叠和压缩，使焊缝紧密贴合，以实现焊接连接的一种焊接方法。搭接焊可以实现结构强度高、密封性能良好、通风性能良好和热收缩性能好的焊接接头。练习搭接焊时可以将2片薄钢板分为1组，一片薄钢板长边搭在另一片薄钢板中心线处。在搭接缝处进行焊接，焊接长度25～38mm，如图9-12所示。

对接焊和搭接焊焊接手法是：G形引弧时，先从焊片的焊缝中间处或中心处偏左2mm开始引弧，因为如果从焊缝宽度中间处开始引弧时，开始的3～5mm是虚焊，引弧在初始阶段的3～5mm是达不到焊接的熔深；中间绕着走Z形，左右手掌握枪姿势要稳；最后绕着走G形，如果焊接时的尾部在收弧时，不绕上去走G形，就会在焊缝的引弧端和结尾端形成不成对称图形，因此走完Z形后立即在收弧之前要钩上去走G形，这样焊接缝隙的外观就成半圆饱满状态，如图9-13所示。

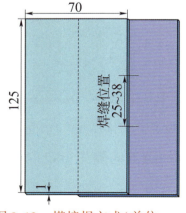

图9-12　搭接焊方式（单位：mm）

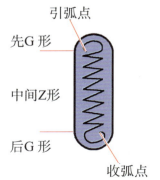

图9-13　对接焊和搭接焊手法

学习任务九　前立柱的更换

应注意观察板件、焊丝熔化情况及焊缝的连续性,注意不要让焊丝偏离焊缝。如果接缝较长,最好先暂焊一下,分段的焊缝应有前后重叠,引弧时应在上一段焊缝末端前面一点,引弧后迅速拉至下一段焊缝起点。焊缝的高度和宽度也应力求一致,因为熔深不足将影响焊缝强度;熔深过高则易将焊件烧穿,并给打磨焊缝增加工作量。

引导问题6　作业需要哪些工具、设备和材料?

(1)工具及设备:气动钻及8mm的钻头(图9-14)、气动铲(图9-15)、气动锯(图9-16)、气动打磨机(图9-17)、气动砂带打磨机(图9-18)、各种钣金专用大力钳(图9-19)等、车身校正仪(图9-20)、CO_2保护焊焊机。

图9-14　气动钻

图9-15　气动铲

图9-16　气动锯

图9-17　气动打磨机

图9-18　气动砂带打磨机

图9-19　各种大力钳

113

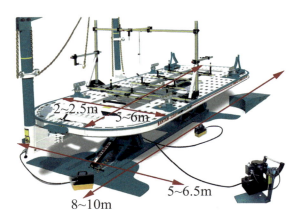

图 9-20　车身校正仪

（2）材料：前立柱、前风窗玻璃、右前翼子板。

引导问题 7　更换前立柱要注意哪些事项？

（1）如图 9-21 所示，CO_2 保护焊焊接时，要穿戴劳动保护用品，具体包括穿好焊接服，穿护脚套，穿工作鞋，手上先戴棉质手套，再戴上电焊手套，头上戴好口罩、耳塞，再戴好面罩。

车身修复人身安全

图 9-21　焊接保护

（2）周围不能有易燃易爆物品。

（3）如果前立柱受损严重，有多个皱褶或裂口，此情况经过修复不能恢复原车强度，必须更换。

学习任务九　前立柱的更换

引导问题8　作业前的准备工作有哪些？

（1）事故车进入工位前，将工位清理干净，准备好相关的器材。
（2）将变速杆置于空挡，拉紧驻车制动器操纵手柄或按下驻车制动开关。
（3）用三角木塞住车轮。
（4）将点火开关和前照灯变光开关等均置于OFF位置，断开蓄电池负极电缆，并完全拧松电缆螺母，进行这些操作时，不得扭曲或撬动电缆，最后断开电缆。

引导问题9　怎样更换前立柱？

前立柱受损变形严重，受力情况复杂，还有撕破的裂口，没有修复价值，确定更换。对其进行切割更换时，可以采用插入件平接或交错平接的连接方式。

❶ 拆卸风窗玻璃等相关的部件并进行检查

（1）拆卸前风窗玻璃，具体见学习任务八。
（2）拆卸左前翼子板及内衬。
（3）检查翼子板内板有无损坏，如图9-22所示。
（4）拆卸驾驶室内仪表台、座椅、地毯、饰板等。
（5）检查车身顶盖和车身地板等部位的变形，应先使大面积的部位变形得以恢复。

图9-22　检查翼子板内板

❷ 切割前校正

切割前先对变形的立柱进行拉伸校正，如图9-23所示，目的是修复间接损坏的区域。直接碰撞损坏车身构件的整体形状和间接碰撞损坏车身构件的整体形状是有区别的。对于直接碰撞损坏，需要直接修复，而对于间接碰撞修复，有的并不需要直接修复，将直接碰撞损坏部位修复后，间接碰撞损坏部位可以恢复到原来的外形状态。

拉伸前立柱下端时，可以在立柱上安装合适的夹钳，夹钳类型如图9-24所示。如图9-25所示，拉伸前立柱上端时，可以使用绳索捆绑住前立柱上端，拉伸时可以使用手锤敲击变形的部位以便于消除金属部件的内应力。内应力是指当外部荷载去掉以后，仍残存在物体内部的应力。它是由于材料内部宏观或微观的组织发生了不均匀的体积变化而产生的。

图 9-23　对立柱进行校正

a)减振器夹钳　　　　　　　　　　　b)掌型夹钳

c)剪式夹钳　　　　d)箱式夹钳　　　　e)直角万向夹钳

图 9-24　不同类型的夹钳

图 9-25　拉伸前立柱上端

气动钻的使用方法

3 切割并拆卸前立柱

(1) 根据实际情况确定切割位置。

前立柱通常不在中间部位进行加强,因此可选择前立柱的中间部位进行切割。使用气钻,以 φ8mm 的钻头钻穿第一层的外板,将焊点清除并使外板剥离。钻穿前立柱第一层的外板时,应采用如图 9-26 所示气动点焊钻,根据具体的位置调整或取下气动点焊钻上支架。钻孔时要采用平底钻头(图 9-27),避免前立柱第二层被钻穿。

图 9-26　气动点焊钻

图 9-27　平底钻头

分离焊点的第一步应是确定电焊的位置,可用钢丝刷或砂轮等工具去除底漆层、保护层或其他覆盖物。如果清除漆层以后,电焊的位置仍不能看见,可在两块板材之间用錾子撑开,这样可使电焊轮廓线显现。

錾子的使用方法

确定电焊的位置以后,使用气钻钻掉焊点。钻掉焊点时要小心,不要钻穿焊缝下面的板材,并且一定要准确地切掉焊点,以避免产生过大的孔。

(2) 根据实际情况进行画线切割,用气动锯切割立柱外板。

为了保证切割不危害车辆结构的完整性,对切割部位、切口走向、切割范围等都有一定的要求,应视车身构件的结构强度、焊接情况、断面形状等因素而定。为此,在进行车身构件的切割作业时,一定要按汽车维修手册中推荐的方案选定切割位置,或在弄清具体结构图的情况下进行切割,如图 9-28 所示。

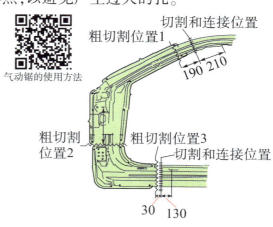

图 9-28　切割位置(单位:mm)

切割时要遵循避重就轻、易于修整、便于施工、避免应力集中等原则。

避重就轻就是要求切口位置一定要避开构件的强度支撑点,选择不起重要支撑作用的切割位置。同一构件上强度大小的区别在于,是否有加强板等结构件在起辅助增强作用。

构件切割后还需要对接口、焊缝等进行修整,如果按易于修整的原则选择切口,就可以简化构件更换后的作业,如所选切口正好位于车身内、外装饰件的覆盖范围内,其接口或焊缝的表面处理就容易得多。

选择位置应兼顾切割作业的难易程度,尽可能选择便于施工的位置,如需要拆装的关联件数量与作业难易程度,以及是否便于切割和所选的切口是否易于焊接、整平、打磨等。应力集中会使构件发生意外的损坏,切口的选择位置应避开车身构件的应力集中区,否则,将影响构件的连接强度并引发应力集中损伤。

前立柱的上端、下端或上下两端均有加强件,但不大可能在中间加固。因此前立柱应在中间附近切割,以避免割掉任何加强件。对前立柱的切割,可用纵向切割,其上端切割位置如图 9-29 所示,其下端切割位置如图 9-30 所示。

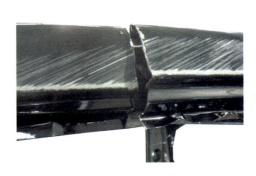 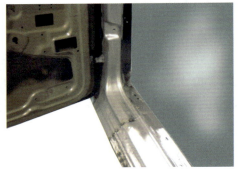

图 9-29　前立柱上端切口　　　　图 9-30　前立柱下端切口

进行偏置对接时,内件的切割位置与其他件不同,形成偏置,应在制造厂的焊接点之间进行切割,以便于钻除焊点。

(3)如图 9-31 所示,借助气动铲或其他工具将需更换部分从车身上拆下。

(4)为保证立柱的强度和性能,在下次发生碰撞时达到新车的强度,在作业时查看被切割立柱外板后面可见的立柱内板的变形量,将内板也进行钻取切割后不能修复而是进行更换,切割时立柱的内件与外件的切割部位应不相同。两切割线之间的间距为 50～100mm。将截面对接在一起并将它们的四周连续焊接。

(5)对车身上的接口部分进行打磨和整理。用气动打磨机磨去原来的焊痕,注意既要磨平又要避免损坏车焊痕周围的钢板;用锤子和垫铁将端口变形修整好;接口处位置有误差时,还应先行矫正;将焊缝两面的焊渣除净,并在焊接面上涂敷防锈剂。

4 安装立柱

(1)新立柱结构如图9-32所示,按照受损变形的区域尺寸进行测量后切割。

图9-31 拆卸立柱

图9-32 新的前立柱

(2)在立柱安装前将内板按汽车生产厂家要求进行防腐处理。

(3)进行立柱外板的对位。如图9-33所示,将替换件对接车身上的切口,并确认其位置正确、缝隙不大于1mm,用夹钳将立柱外板固定在车身上。然后采用CO_2保护焊,按主次定位关系做定位焊,间距为50mm。待更换的新构件的表面都覆盖有涂装材料,以点焊方法连接时一定要先将焊接部位的漆层除掉,否则会影响点焊电流的通过。清除涂层时最好的工具是带式打磨机。

(4)对好位的立柱先做定位焊后,将车附件安装对位,确认外观缝隙及立柱与门之间的密封性,拆下附件后对焊接接口进行切割,并做好对焊准备,同时在新立柱外板的边缘钻孔,如图9-34所示,孔径为$\phi 8mm$,数量是原来焊点的1.3倍。

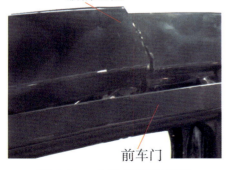
图9-33 立柱外板的对位

图9-34 新立柱外板钻孔位置

如果采用塞焊,则应在构件拟焊部位用冲孔钳或电钻加工出塞焊孔。塞焊孔孔径过大容易使车身板件烧穿,过小则影响焊接强度。当板件厚度为0.8mm时,塞焊孔径约为$\phi 8mm$。在进行塞焊时,将CO_2保护焊焊机的电源调整适当。塞焊时先在样板上进行试焊,然后在立柱的焊孔中心引弧转一周半后在中心收弧,要求一枪添满焊孔,并且无气孔、无烧穿,如图9-35所示。连续焊接时,应由中间部位起焊,分两次向终端连续焊接。施焊过程中,应注意观察焊缝的表面质量并保证熔深。焊接完毕还要趁热使用顶铁、平锤敲击焊缝,以消除由焊接产生的残余内应力。最后将焊缝修磨平整、光滑。

(5)更换完毕后的前立柱应使固定在柱子上的前车门关闭自如,并使与后门的间隙、平面高度达到汽车生产厂家的标准,如图9-36所示。

图9-35　立柱塞焊

图9-36　更换后的立柱

(6)打磨接口,进行防锈等处理,在焊接点位置,涂抹上密封胶(图9-37)。进行车身涂装后,安装相关部件。

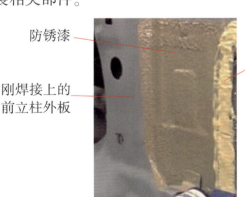

图9-37　在前立柱上涂抹密封胶

5 整理场地

清理工具、量具及设备,打扫卫生。

 评价与反馈

对本学习任务进行评价,见表9-3。

评分表　　　　　　　　　　　　　　表9-3

考核项目	评分标准	分数(分)	学生自评	小组评价	教师评价	小计
团队合作	是否和谐	5				
活动参与	是否积极主动	5				
安全生产	有无安全隐患	10				
现场5S	有否做到	10				
任务方案	是否正确、合理	15				
操作过程	拆装前风窗玻璃等部件; 拆下立柱; 立柱的定位焊接	30				
任务完成情况	是否圆满完成作业	5				
工具和设备使用	是否规范、标准	10				
劳动纪律	是否能严格遵守	5				
工单填写	是否完整、规范	5				
总分		100				
教师签名:			年　月　日		得分	

练习题

一、单项选择题

1. 前立柱是（   ）形钢梁，向上延伸到车顶。
   A. 槽　　　　　　B. 箱　　　　　　C. U

2. CO_2保护焊引弧困难的原因，最有可能是（   ）。
   A. 电弧电压过大　　　　　　B. 电弧电压过小
   C. 送丝速度过慢　　　　　　D. 焊接电流过大

3. 焊丝从导电嘴伸出的距离为（   ）mm。
   A. 1～3　　　　B. 3～5　　　　C. 5～8　　　　D. 8～12

4. CO_2保护焊引弧时，焊丝和工件的距离为（   ）mm。
   A. 2～4　　　　B. 4～6　　　　C. 6～8　　　　D. 5～7

5. 把一块有孔的金属板搭接在另一个完整的金属板上，让电弧穿过此孔，这种焊接方式称为（   ）。
   A. 塞焊　　　　B. 对接焊　　　　C. 搭接焊　　　　D. 拼接焊

二、多项选择题

1. 车身上支撑车顶板的梁是（   ）。
   A. 前纵梁　　　B. 前立柱　　　C. 中立柱　　　D. 后立柱

2. 采用CO_2保护焊焊接时，需要对焊机（   ）进行调整。
   A. 送丝速度　　B. 焊接电流　　C. 电弧电压　　D. CO_2气体流量

3. 按焊接方式，可以将CO_2保护焊焊接分为（   ）。
   A. 塞焊　　　　B. 对接焊　　　C. 搭接焊　　　D. 氩弧焊

4. 属于分离焊点的操作是（   ）。
   A. 钻穿上面的板材　　　　　B. 钻穿下面的板材
   C. 用錾子撑开两块板材　　　D. 去除底漆或覆盖物

5. 确定结构件的切割位置时，需要考虑结构件的（   ）。
   A. 结构　　　　B. 强度　　　　C. 焊接情况　　　D. 断面形状

学习任务十

后翼子板的更换

知识目标
(1) 能描述更换后翼子板的流程；
(2) 能叙述更换后翼子板的质量标准。

能力目标
(1) 会对后翼子板的损伤进行分析，制订维修计划；
(2) 会对后翼子板进行更换。

思政与素养目标
(1) 培养严谨的工作态度；
(2) 塑造良好的职业道德。

建议学时
12 学时。

学习情境描述

在一次事故中，一辆卡罗拉 1.6L 轿车的右后翼子板被撞变形破损，需要你对其进行更换。

一　资料收集

引导问题1 后翼子板的结构是怎样的？

后翼子板的结构

后翼子板是车身后部的重要构件，其结构如图10-1所示，在制造时，与车身是一体的。后翼子板与车身后立柱、车顶侧内板、行李舱后挡板等处通过焊接方式连接。后翼子板与后车门、行李舱盖或后尾门和后风窗玻璃、尾灯和后保险杠等衔接，衔接处要达到汽车生产厂家的标准，间隙均匀，平面高度一致。

图10-1　后翼子板的结构

引导问题2 怎样进行电阻焊？

1 电阻压力点焊的工作原理

电阻焊具有焊接时间短，变形小，不需要耗材（如焊丝、惰性气体），焊接后无凸起焊瘤，轻微打磨即可等优点。在立式点焊机上进行电阻压力点焊时，一个圆柱形铜电极上的较大电流经过压在一起的钢板流至另一个电极。由于钢板之间的电阻较高，因此会在焊接部位产生热量使金属熔化，且在断电后迅速冷却下来。在电极压力的作用下，熔化部分凝固时将工件连接在一起。在所有的焊接设备中，对焊核周围的板件热变形最小，焊接过程飞溅的火花最小，可不用对周围物品进行遮护。

车身修复所用的电阻焊焊机，通常是指需要在金属板的两边同时进行焊接

学习任务十　后翼子板的更换

的设备,电阻焊焊机的外形如图10-2所示。电阻焊的三个要素分别为挤压、电流和维持时间。挤压是指焊钳作用于两块金属板上的压力,焊点强度与压紧力密切相关。只有合适电流通过金属板,金属板才能熔接在一起。金属冷却时自动断电,便会形成一个圆形、扁平状的焊点。

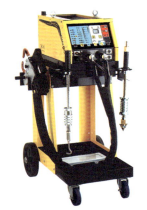

图10-2　电阻焊焊机

2 电阻焊焊机的功能操作及使用

不同电阻焊焊机的控制面板及各个操作键的功能如图10-3、图10-4所示。先打开焊机背后的电源开关,此时电源指示灯亮。气动焊钳使用时需要外接压缩空气,压缩空气接口在主机后面。连接压缩空气管路,细调焊机上的气压调节旋钮,如图10-5所示,一般气压表0.8~1.2MPa为红色区域,根据我国的实际使用情况,建议气压为0.8MPa左右。

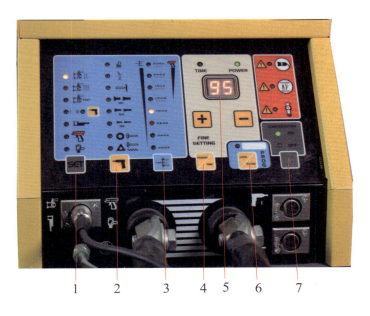

图10-3　电阻焊焊机面板(1)

1-工具选择器;2-焊枪选择;3-对焊(钳)薄板选择;4-定时器/电力输出;5-定时器/电力输出显示屏;6-用户程序选择;7-焊接补偿开关键

电阻焊焊机具有焊接参数的存储、调入功能。若需关机,而下次开机后仍继续焊接相同的工件,仍需相同的焊接参数,则可将现行的焊接参数加以存储,下次开机后,只需按下用户程序选择键即可直接进行焊接作业。

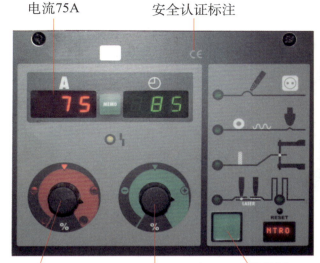

图 10-4　电阻焊焊机面板（2）

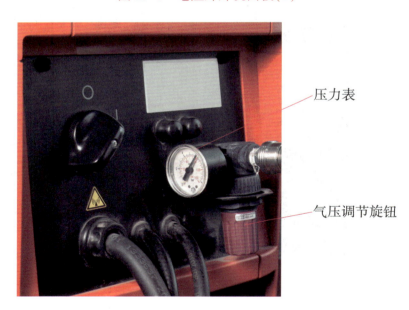

图 10-5　气压调节旋钮

3　焊接时选择电阻焊焊机功能的步骤

（1）按焊枪工具选择器，选择键至双面脉冲点焊指示灯亮。
（2）按下焊枪选择键，选择电阻点焊或者电焊修复功能。

（3）按对焊（钳）薄板选择键，选择所需焊接工件材料厚度指示灯亮。

（4）将对焊钳对准焊接位置，将焊头之一搭在被焊件表面。

（5）按下对焊钳控制开关，开始焊接，待定时完毕再松开。可根据工件清洁情况，选择焊接补偿功能，以期达到更好的焊接效果。

4 电阻焊焊接操作规范

（1）在正式焊接之前，彻底清洁两焊件之间与电阻焊电极的接触点，去除其表面的油污、油漆、铁锈等污染物。

（2）焊接接地线的连接尽量接近待施焊的部位，最长也不应超过300mm。

（3）调整焊接臂使两焊极的端面应平行、重合，压紧力符合实际要求，如图10-6所示。

（4）使用手提式电阻焊机时，在连续使用5～6个焊点后应稍微停止一下，给焊极一段冷却时间。若连续性进行大电流的焊接作业，焊机可能会因超温而自动停机。这时需停止焊接工作，待焊机内部的温度降下来，才可继续焊接操作。

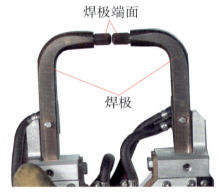

图10-6　焊极的端面

（5）对焊点的外观进行检查，压痕不能大于最薄板件厚度的一半，焊件表面不可有明显的针孔，如图10-7所示。

a）焊接效果不好

b）焊接效果较好

图10-7　电阻焊焊接效果

引导问题3 怎样选择后翼子板的切割区域并进行切割？

更换车身板件有两种情况，即整体更换一个板件和更换一个板件的局部，后者又称分割更换。车身上有些构件不能够整体进行更换，选择切割区域时，应保持原构件的强度。在进行车身构件的切割时,应遵循以下原则:切口位置避开构件的支撑点、加强结构处;容易对接口、焊缝进行修整,便于施工;无应力集中;尽量在焊面短处进行气动锯的切割,这样焊接变形较小等。

后翼子板与行李舱采用焊接方式连接,所以修复时,可以拆除。一般后翼子板需要切割的部位有两个:一个是在车身后立柱上部,在车顶侧板接近车顶200mm左右的地方,如图10-8所示;另一个是在翼子板轮缘边缘,和车门槛板靠近轮眉100~200mm的地方,如图10-9所示。对于后翼子板外板碰撞损坏,还可以根据碰撞情况和备用构件的具体情况,按实际情况对损坏的构件进行割除。

图10-8 切割后翼子板的接近车顶处

图10-9 后翼子板切割的接近轮眉处

切割时,首先用卷尺按照需要切割部位的尺寸要求在板上画线,经观察比较无误后,用气动锯进行切割。切割的断口要比新件安装时的对接缝口多20mm左右的余量。选择用气动锯切割,可以获得整齐的切痕,适用于端面尺寸不大的板类件。选用气动錾的效率高,适用分离薄板类构件,但留下的端口不整齐。车身构件被切割后,还要对接口部位进行处理,才能装配新换的车身构件。接口部位处理作业内容包括端口的修整、位置的矫正和防锈密封处理。

引导问题4 ▶ 怎样调整行李舱盖?

在汽车尾部碰撞后,除了更换或修复后翼子板外,还有很多附加的作业内容,例如行李舱盖需要调整。调整行李舱盖的步骤如下。

(1) 放松行李舱盖锁板固定螺栓,锁板固定螺栓位置如图10-10所示,拆卸行李舱盖开口防水条,拆卸行李舱盖缓冲止挡器。

(2)调整行李舱盖铰链固定螺钉,如图10-11所示。

图10-10　锁板固定螺栓

图10-11　铰链固定螺钉

(3)关闭行李舱,然后保证不移动铰链的情况下,打开行李舱盖,锁紧行李舱盖铰链的固定螺钉。拧紧锁板固定螺栓。

(4)安装行李舱盖开口防水条和行李舱盖缓冲止挡器,检查衔接间隙应均匀,无漏水现象。

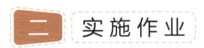

二　实施作业

引导问题5　作业需要哪些工具、设备和材料?

(1)工具及设备:气钻、气动铲、气动锯、气动打磨机、气动砂带打磨机、各种钣金大力钳,车身校正仪、电阻点焊焊机、CO_2保护焊焊机等。

(2)材料:右后翼子板、后风窗玻璃、行李舱盖、右尾灯、右后转向灯、后保险杠等。

引导问题6　作业前的准备工作有哪些?

(1)汽车进入工位前,将工位清理干净,准备好相关的器材。

(2)将变速杆置于空挡,拉紧驻车制动器操纵杆或按下驻车制动开关。

(3)套上转向盘护套、变速杆手柄套和座椅套等,铺设脚垫。

(4)对驾驶室内座椅、饰板、地毯、门玻璃进行遮护。

(5)将车辆固定在车身校正仪上,车辆前部可以使用拉动设备固定,如图10-12所示,车身底部可以通过固定夹固定,如图10-13所示。

图 10-12　车身前端的固定

图 10-13　车身底部的固定

引导问题 7　更换后翼子板有哪些注意事项？

（1）使用拉动设备时，要远离拉动区域并使用安全钢索以防发生事故。

（2）使用气钻的钻头锥角要符合要求，否则在钻穿钢板时，容易引起严重事故。

（3）戴护耳器，穿安全鞋及布质的焊接服、护腿，根据操作需要使用棉质或皮质手套、防护面罩、电焊面罩。

（4）使用抗热防护垫或具有相同作用的物品覆盖座椅、地板和有关饰件，防止焊接时玻璃和座椅受到电火花损坏。

（5）焊接安全准则：

①防毒。焊接时会产生微量有毒气体、烟雾及氯化物的气化物。当受到紫外线的照射时，氯化物的气化物可以变化为有毒的碳酸氯气体。所以，应在焊接场所排除掉，所有产生这些气体的外在的、内在的因素，焊接应在通风良好或适于焊接的场所进行。操作人员应戴防护口罩。

②防火。电火花会引起失火，焊接现场应清除所有可燃性材料，不要焊接曾装过易燃物或油脂的空桶，焊接场地只能允许放置符合要求的防火设备。

③防烫。在整个焊接过程中，必须戴皮质的电焊手套，穿焊接服、护脚套和工作鞋等防护用品，如图 10-14 所示。

图 10-14　穿戴防护用品

④防电击。在实际焊接时,决不能用手直接触及潮湿表面。应保持身体及衣物干燥,不要在无防电击保护器材的潮湿环境中焊接;在焊接过程中,不要触及带电体或任何可导电的金属物,直至焊机关闭。

引导问题8 ▶ 怎样更换后翼子板?

1 制订维修方案

将车停稳,利用车身校正仪将车身固定住,做好安全防护措施。拆卸相关的附件,并根据后翼子板的损伤情况,制订维修方案。

(1)为了能正确地进行损伤评估,制订合理的维修方案,在作业前,需要拆卸相关的附件。

①拆卸行李舱内部装饰板,清出行李舱内备胎等零件,对行李舱进行清理。

②拆卸后保险杠、尾灯、后风窗玻璃等零件,注意检查后保险杠支架(图10-15)有无损坏。

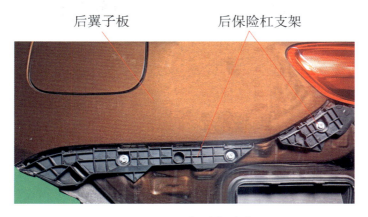

图10-15　后保险杠支架

③拆卸驾驶室内后排座椅等内饰件。

(2)正确评估车身的损伤。

①观察后翼子板是否严重损伤及有很难修复的部位,如图10-16、图10-17所示,后翼子板出现较严重的损伤时,应予以更换。

②检查后翼子板引起的间接损伤,如图10-18所示,车门受到了挤压,车门与后翼子板衔接间隙变小,需要先调整或修复。

图 10-16　后翼子板出现折皱　　　　图 10-17　后翼子板出现撕裂

衔接间隙变小

图 10-18　受到挤压的车门

③对损伤的每个部件逐一进行检查,确定需要修复或更换的零部件,例如后保险杠、后风窗玻璃、右后转向灯等。

2 切割后翼子板

(1)确定后翼子板的损伤范围及需更换区尺寸,检查因受力导致的损伤,如需在翼子板切割前先对其拉拔,将区外的折损修复矫正或更换。对后横梁、后行李舱进行初步拉伸,在拉伸的同时,可以用手锤敲击受损部位,如图 10-19 所示。

(2)如图 10-20 所示,切割需要更换的后挡板。

(3)剥离需更换翼子板的焊点。由于原子灰与涂层的覆盖作用,使焊点的准确位置不易辨认,剥离焊点的作业也无从下手。对此,可用焊枪沿接缝的边缘加热,待表层涂层被火焰烧焦时,用钢丝刷或气动钢丝刷磨轮将涂层去掉。如果仍找不到焊点,可将扁錾沿构件的接缝处冲入,隐含的焊点即可显现出来。

在焊点中心处做出定心点标记。将直径 $\phi 8mm$ 的焊点钻头置于定心点上并钻透上部钢板。汽车车身后翼子板一般采用点焊连接,拆除更换构件时应先剥离焊点。剥离焊点以钻削、切割、磨削等方式为主，一般优先选择钻削方式，图 10-21 所示为采用 φ8mm 钻头的气动钻钻穿翼子板外层。

图 10-19　拉伸敲击受损部位

图 10-20　切割后挡板

汽车后风窗框的焊点也需要拆除，剔除后风窗框与侧围的焊点。钻削时，大多数只需钻除第一层，而不要钻透第二层钢板，少数孔用来安装定位时才需要钻穿。

（4）后翼子板高强度钢板的切割。必须盖住漆层表面、车窗玻璃和内饰部件，以防因火花飞溅而造成损坏，如图 10-22 所示。切割由高强度钢板制造的部件时主要有以下两种作业方法：

①气动锯切割。利用气动锯作业的优点是不会造成火花飞溅。但在切割高强度钢板时，可能导致锯齿退火。因此，气动锯只能用于屈服极限低于 300MPa 的钢板。

②气动砂轮机切割。利用气动砂轮机切割时精度较低，且可能因火花飞溅而出现问题，但是可以利用气动砂轮机切割较高强度和最高强度钢板。

图 10-21　钻削后翼子板

图 10-22　切割保护

（5）先把后翼子板高强度钢板的电阻焊或塞焊的焊点剥离，再在恰当的位置切割，接着就可以将受损构件与车身分离开来。拆除时，可配合使用手锤及冲击螺丝刀将构件拆下，如图10-23所示。

车身轮缘部位采用折边，拆除时要注意轮缘的连接情况，不要损坏轮缘内板，如图10-24所示。

图10-23　拆除翼子板　　　　　　　图10-24　翼子板轮缘内板

（6）检查车身内板是否损坏。取下后翼子板后，还要对损坏部位的车身内板进行检查，若有损坏变形的地方，则进行整形或更换，然后进行防腐作业。

❸ 安装新后翼子板

（1）新后翼子板的定位。准备新后翼子板，进行试装，用螺栓或大力钳进行定位，如图10-25所示。确认与原车构件完全符合后再进行定位焊接，焊接定位点应选择板件转角处，如图10-26所示。新翼子板定位后，对接口部位进行打磨等处理，使板件表面平滑过渡，采用 $\phi 8mm$ 钻头的气动钻对新翼子板外板进行焊接处钻孔，孔数为原来焊点数的1.3倍。

图10-25　后翼子板的定位　　　　　　图10-26　焊接定位点

（2）后翼子板的 CO_2 保护焊。对于电阻点焊夹钳接触不到的区域，或采用搭接位置，应采用 CO_2 保护焊焊接，注意进行焊接保护，如图 10-27 所示。在焊缝或焊点周围约 30mm 的区域内清除漆层。采用 CO_2 保护焊时，必须清除新钢板焊接区域的镀锌层，清除时可以采用砂带机打磨，采用电阻点焊时不必清除位于其下的镀锌层。

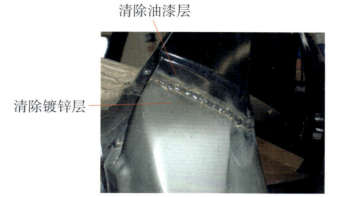

图 10-27　采用 CO_2 保护焊焊接后翼子板

一切处理好后，确定不会再有移动后进行焊接。焊接之前，先将 CO_2 保护焊焊机的电流及通电时间调整好，在试板上试焊，焊接应无气孔、无烧穿现象。若进行的是塞焊，钢板厚度小于 2mm 时，塞焊孔直径应至少为 8mm。

（3）后翼子板的电阻焊。必须调整焊接电流、电极压力和焊接时间等焊接参数，以使焊点达到规定尺寸。最重要的参数是焊接电流，该电流向上受飞溅极限电流（超过该极限时会导致焊接熔池过热以及焊接金属飞溅）限制，向下受规定的焊点直径限制。

进行点焊时，必须将待焊接的钢板凸缘无间隙地压在一起。间隙越大，连接强度越低。焊点之间的最小距离为 25mm，否则分流效应会提高。电阻点焊时，从焊接主回路以外流过的电流，叫分流，如图 10-28 所示。分流会使电流经焊接区的电流减少，以致加热不足，造成焊点强度显著下降。如果在最小距离的焊点之间内再增加焊点，不仅不能带来更好的强度，反而会因为电流过载影响同边焊点的焊接性能，从而破坏强度。

（4）在对更换构件进行焊接后，还要检查并试装后保险杠、行李舱盖、尾灯等的相关构件，在确认车身各部位装配完全正确后，进行打磨、密封及防腐处理。

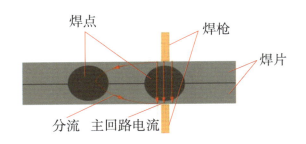

图 10-28　电阻点焊时分流情况

4　打磨、密封及防腐等处理

在安装更换构件后要进行打磨和防腐等处理，更新损坏的隔音材料。磨削焊缝时不允许磨薄位于其旁边的基体材料，如图 10-29 所示，磨削后用钢丝刷清洁所有焊缝和焊点，并清除烧坏的漆层。

如图 10-30 所示，仔细地在原来涂有车身密封胶的所有焊接连接处，涂底漆并进行密封。钢材质部件密封黏结作业设备和材料包括砂纸、清洁剂、异丙醇、丙酮或乙醇、黏结剂筒，黏结剂枪，黏结剂涂敷刮刀。黏结时要注意观察黏结剂的有效期，只允许在有效期之前使用黏结剂。为确保黏结牢固，用钢丝刷或砂纸清除黏结表面上的氧化层、锈蚀物、油漆或污垢，用异丙醇、丙酮或乙醇清洁黏结表面，让清洁后的表面在空气中干燥约 5min，保证黏结表面完全干燥。

图 10-29　打磨接口　　　　图 10-30　进行密封处理

在接口部位应进行涂胶密封处理，涂完胶后，要用较硬的刷子对胶进行修整，使其在外观上接近原车标准。经检验员检验合格后才能交下一道工序进行涂装作业。在涂装好后，安装尾灯等附件并进行密封检查，从翼子板背面观察有无漏水现象，如有，需要进一步处理。

5 整理场地

清理工具、量具及设备,打扫卫生。

三 评价与反馈

对本学习任务进行评价,见表 10-1。

评分表 表 10-1

考核项目	评分标准	分数(分)	学生自评	小组评价	教师评价	小计
团队合作	是否和谐	5				
活动参与	是否积极主动	5				
安全生产	有无安全隐患	10				
现场 5S	是否做到	10				
任务方案	是否正确、合理	15				
操作过程	作业前的准备工作;右后翼子板的拆卸;右后翼子板的安装;右后翼子板的检验	30				
任务完成情况	是否圆满完成作业	5				
工具和设备使用	是否规范、标准	10				
劳动纪律	是否能严格遵守	5				
工单填写	是否完整、规范	5				
总分		100				
教师签名:			年 月 日		得分	

练习题

一、单项选择题

1. 对电阻焊点外观进行检查,压痕不能大于最薄板件厚度的(   )。
   A. 1/5   B. 1/4   C. 1/3   D. 1/2

2. 最符合使用拉动设备要求的是(   )。

A. 远离拉动区域

B. 靠近拉动区域以便观察

C. 远离拉动区域并使用安全钢索

D. 靠近拉动区域以便观察并使用安全钢索

3. 下列不是焊接时防电击措施的是(　　)。

　A. 不用手触及潮湿表面　　　　B. 不在潮湿环境焊接

　C. 不触及导电体　　　　　　　D. 焊接现场应清除可燃材料

4. 后翼子板受到撞击,检查发现(　　),可以推断相邻车门受到间接损伤。

　A. 后翼子板有严重变形　　　　B. 后翼子板有褶皱

　C. 衔接间隙变小　　　　　　　D. 后立柱损伤

5. 当需要拆除风窗框和侧围上的焊点时,(　　)。

　A. 都不要钻穿第二层钢板　　　B. 钻穿多数焊点的第二层钢板

　C. 钻穿少数焊点的第二层钢板　D. 都不要钻穿第一层钢板

二、多项选择题

1. 后翼子板与下面哪些地方焊接在一起?(　　)

　A. 车顶侧内板　　B. 行李舱后挡板　　C. 后围板　　　　D. 后立柱

2. 电阻压力点焊具有(　　)的特点。

　A. 焊接时间短　　　　　　　　B. 变形小

　C. 不需要焊丝　　　　　　　　D. 不需要惰性气体

3. 电阻焊的三要素是(　　)。

　A. 挤压　　　　B. 电流　　　　C. 维持时间　　　　D. 电压

4. 关于调整行李舱盖,正确的是(　　)。

　A. 调整前拧松锁板固定螺栓

　B. 主要通过行李舱盖铰链固定螺栓调整

　C. 调整后检查漏水情况

　D. 调整后检查衔接情况

5. 焊接时安全准则包括(　　)。

　A. 防毒　　　　B. 防火　　　　C. 防烫　　　　　　D. 防电击

学习任务十一

前纵梁的测量与校正

知识目标

(1) 会分析前纵梁的碰撞损伤；
(2) 了解超声波电子测量仪的基本原理。

能力目标

(1) 会使用车身校正仪；
(2) 会使用超声波电子测量仪。

思政与素养目标

(1) 培养不畏困难、努力钻研的习惯，不断提出真正解决问题的新思路、新办法；
(2) 培养团队精神。

建议学时

12学时。

学习情境描述

在一次事故中，一辆卡罗拉1.6L轿车的前保险杠横梁被撞裂开，保险杠加强件及前纵梁碰撞变形，如图11-1所示。需要你更换保险杠横梁和加强件，对前纵梁进行测量、校正，恢复原状。

图 11-1 受损的前纵梁

引导问题 1 前纵梁的结构是怎么样的？

现在大多数轿车采用发动机或/和电动机前置前轮驱动，车身前纵梁是支撑汽车的主要总成。前纵梁在车前部底下，向前延伸至保险杠，其断面是方形或不规则的箱形。它是前车身下部的主要加固件，由高强度金属材料制成，与车身用焊接方式连接。支撑发动机或电动机及电控总成等的副车架、前横梁、散热器、前桥、悬架等部件，都是直接或间接地安装在前纵梁上。

前纵梁上加工了预应力区，对局部的强度进行了弱化，如图 11-2 所示。碰撞时，能量不会在最大刚性部分造成弯曲，而是使这些较弱的部位产生变形，分散碰撞应力，直至能量被耗尽。

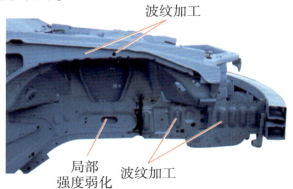

图 11-2 前纵梁预应力区

学习任务十一　前纵梁的测量与校正

引导问题2 前纵梁未彻底修复会有什么样的影响？

前纵梁未彻底修复，对车辆使用性能影响很大。

（1）车身前纵梁影响减振器座及摆臂的结构和位置。它损坏后会使主销后倾角无法调整。车轮外倾角等调整也是有范围的，当前纵梁损伤后会影响车轮外倾角，进而容易引起轮胎异常磨损、方向不正、跑偏。

（2）前纵梁损坏影响到转向系统的工作，车轮前束值、转向梯形机构等被改变，会导致转向失灵，传动系统的振动和噪声，连接拉杆球头、轮胎、齿轮齿条、常用接头或其他转向装置的过度磨损。

（3）前纵梁损坏影响发动机与传动系统动力传递，影响发动机的平衡，进而引起发动机和车身出现发抖、异响、油耗高等现象。

（4）如果前纵梁未修复，或者在修复中其使用性能被破坏，将会影响其在以后的碰撞中发挥保护人身安全的作用。

引导问题3 前纵梁损伤有何特点？

现代车身设计时，设计师首要考虑的是，当车辆发生碰撞时，最大程度地保护驾驶人和乘客安全，同时还要采用减振结构，以便最大限度地减少车辆碰撞到行人时对行人造成的伤害。通过以下对比，可以清楚地说明发生碰撞时产生的作用力：以50km/h车速撞向墙壁时相当于从四楼坠落。发生前后碰撞时，主要由前纵梁和发动机组成的发动机舱或由后纵梁组成的行李舱的长度会被压缩30%～40%，中部车身采用刚性结构，结实牢固，驾驶室的长度仅被压缩1%～2%。如图11-3所示。

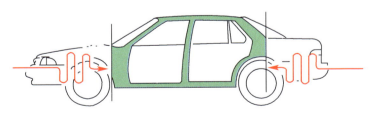

图11-3　碰撞压缩示意图

车辆在受到正面冲撞时，受力比较大，前纵梁容易损坏。车辆在侧面碰撞、追尾相撞时，受力较小，前纵梁损伤较小。车辆前面中央部位与电线杆等冲撞造成M

形损伤,从散热器支架中央部的正前面施加的碰撞力,使车辆上面和下面的支撑杆件被压弯成"凹"字,左右的前纵梁被牵引向内侧折弯造成损伤,如图11-4所示。

车辆正前面左右任意单方的前纵梁、车轮罩或围板等的骨架部位,被施加冲击力时,前部车身附件被从前向后压缩弯曲变形。前纵梁比较坚固,变形单一,所以对冲击力的吸收作用较少,如果遇到有直接的大冲击力的情况,变形会从散热器支架、前纵梁、前减振器塔座、前围板等零部件,一直延伸到驾驶室或者后翼子板及后行李舱,多数部件会受到相当的损伤。如图11-5所示,另一侧的骨架部位,因为有保险杠横梁、散热器支架等连接而发生拉扯、挤压,进而诱发损伤,在车轮罩、侧围板、减振器塔座等处可以查看到损伤。

图11-4 前纵梁向内弯曲

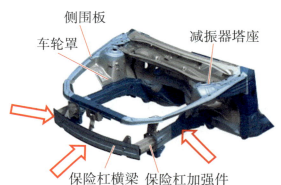
图11-5 前纵梁受力分析

摇头型损伤是前车身的左边或者右边前部受到横向冲击力的损伤模式,通过散热器支架把另一侧的骨架部件也向外侧压弯的变形,像摇头一样。前纵梁对从左、右横向方向的受力比较弱,与纵向的力的作用相比较,相对容易变形或者折弯。实际的冲撞事故中,不仅存在从正横向施力的现象,也有从侧前方或从某个角度施力的情况。在这种场合,从侧前方的施力,分解为前后方向的力和左右方向的力,倾斜型损伤和摇头型损伤就同时发生了。根据施力的角度或力度的大小不同而变化,因为纵梁对从前、后轴方向所承受的作用力比较强,向后弯曲成倾斜型的变形不明显,而来自横向的力就会产生摇头型的变形,造成明显的损伤。通过不显眼的前围板、地板等的倾斜型损伤可判断内部还有波及损伤。

前轮直击型损伤是从横向或侧前方对前悬架直接施加冲击力场合的损伤模式。支撑发动机或/和电动机的副车架在某些场合会被挤压,并波及另一侧的骨架部位受损伤。或者通过驱动轴或转向装置、平衡杆等悬架零件波及另一侧上损伤。因此对另一侧梁的影响,根据悬架梁的有无或下臂的安装方式等构造的不同而变化。

引导问题4 拉伸前纵梁或其他构件时,需要注意什么问题?

(1)车身在拉伸校正时,拉伸前要找出修理的先后次序,要用"从里到外"的顺序完成修理过程,先对车身的乘客室进行校正,使车身的中部和底部的尺寸(特别是基准点的尺寸)恢复到位。车身板件变形整修的顺序为:首先校正长度,然后校正宽度,最后校正高度。

在修复中没有遵循"先里后外"的拉伸原则,导致修理程序的混乱,在校正过程中没有经常地、精确地测量拉伸部位的尺寸,没有很好地控制拉伸的程度,会造成过度拉伸,过度拉伸唯一的修理方法就是更换损坏的板件。

(2)拉伸时,在不方便使用夹钳的地方焊接临时焊片来辅助拉伸,如图11-6所示。一个部位施加拉力比较大时,应该多使用一些夹钳,将拉伸力分散到板件的更大的区域,拉伸一个部位用两个夹钳时,可以允许比用一个夹钳时加一倍的拉力,对已经拉伸校正好的部位进行辅助固定。

(3)前纵梁的弯曲,可以夹住弯曲内侧表面进行牵拉。加热时要注意,只能在棱角处或两层板连接得太紧的地方加热,温度不超过200℃。

(4)进行车身前纵梁校正时,需要按与输入力(即碰撞力)相反的方向进行。在碰撞区,根据车身构件的损坏情况,选择牵拉点施加牵引力进行牵拉。如图11-7所示,前纵梁已经向内产生了弯曲和压缩,应选择压缩弯曲点前端作为拉伸点,拉伸方向应向车身外45°,在拉伸时,不断调整。

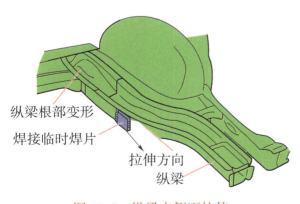

图11-6 纵梁内侧面拉伸

图11-7 向内弯曲的前纵梁

车身前纵梁在遭受严重碰撞后,简单地采用一个点拉伸不能使车身恢复原状。因为结构、形状、强度、刚度和恢复率不同,前纵梁和其他板件的损坏变形也不一样,常常会产生复杂的变形。只用一个牵拉点在与碰撞力相反的方向施加牵引力,是无法使其复原的。所以在拉伸过程中,按照每个板件的恢复率改变力的大小和方向,是非常必要的。

(5)牵拉前或牵拉时需要对车辆进行固定。车辆固定的目的是防止车体移动和均匀地分散修理时产生的作用力。

修复车体结构部位的变形,需要使用较大的牵拉力。如果支撑车体的车体安装部位和将车体固定在校正设备上的固定部位固定不牢固,那么当受到的作用力超出这个固定的极限时,车体就会发生移动。因此,对于车体自身的固定以及车体校正设备上的固定,必须足以承受修理作业时产生的作用力,固定时使用如图11-8所示的底盘夹具。牵拉时不可使车体修理的作用力集中在某一处,要将作用力分散到整个车体以及修理设备的固定部位,防止车体发生二次损伤。在向一侧拉伸力大时,一定要在相反的一侧使用辅助牵拉,如图11-9所示。

图11-8　车身底盘夹具

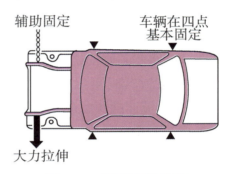

图11-9　辅助牵拉位置

这是一项很重要的工作,因为在进行车身校正时,车身受到很大的牵引力,若汽车固定不牢固,则不仅不能很好地校正车身整体结构,还可能发生意外事故。

引导问题5　为什么要进行车身测量?

车身测量是事故汽车修复工作中最重要的环节。对车身进行测量可以保证车身测量控制点的尺寸符合技术文件要求。测量贯穿于汽车车身损伤分析及评估、修复的整个工艺过程,甚至在诊断车身故障时,也需要进行测量。

评估车身损伤时,彻底、精确地撞伤诊断是高质量修复的基础,除用目测方式进行诊断外,还应该使用精确的工具及设备来测量、评估受损汽车,精确的损伤评估还要靠精确的车身三维(长、宽、高)测量来确定。

为保证恢复车辆正常的形状和位置,在修复过程中需要对整体定位参数进行测量和校正。整体定位参数直接影响发动机、底盘、车身等主要构件的装配位置,并直接影响基础数据,例如车轮定位参数、轴距误差和各总成的装配位置精度等。车身测量使车身尺寸在误差范围内,板件配合准确,符合厂家的维修尺寸标注,进而提高维修效率和维修质量。事故车车身修复分为变形钣金件的更换和拉伸校正,钣金件更换前需要对相关的位置进行拉伸或校正,变形而不更换的部位也需要先进行拉伸及校正,一般通过3~5次拉伸,测量可快速恢复尺寸。进行车身测量,车身板件校正速度提高50%,不会出现反复拉伸问题;车身板件更换速度提高100%,特别是更换前后纵梁、左右后翼子板和散热器支架等部件,可一次性定位,减少反复调整的次数。

车身测量校正可以帮我们解决以下问题:由于车身尺寸不正确导致车身附件间(如翼子板和车门之间)的缝隙不均匀,车身发抖,行驶跑偏,轮胎偏磨,转向系统的转向盘发抖、转向困难、转向盘不复位。

引导问题6 测量车身时,如何选择测量基准?

在测量车身前,要找到未被破坏的参考位置作为测量基准,测量基准包括长度、宽度和高度的零点。轿车车身测量基准一般有控制点、基准面、中心面和零平面。

1 控制点的选择

控制点是车辆在设计、生产时用来实现设计者意图和保证制造尺寸的一些定位点,它可以用来检测车身损伤及变形的程度。车身控制点包括前横梁、前围板横梁、后车门横梁、车身后横梁等,车身底板横梁的控制点如图11-10所示。因为控制点的参数是可以查阅到的,对控制点的检测可以判断车身是否变形。

在车架或车身上有一些用来测量的特殊点,车身尺寸手册中也会标注,这些点称为基准点或参考点。

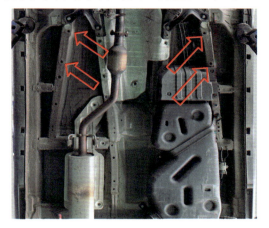

图11-10　前纵梁上的控制点

❷ 基准面的选择

基准面是汽车撞伤修理的主要参考平面,它是设计时假设的一个与地面平行且有固定距离的平面,汽车所有高度尺寸的数据就是从基准面测量到的,如图 11-11 所示。实际测量时,一般使用与基准面平行的车身校正仪的平台平面作为高度测量基准面。实测平台平面与基准面平行但不一致时,可以在读取高度数值时将所有的测量值与标准值相减即可。

图 11-11　轿车车身基准面、中心面和零平面

❸ 中心面的选择

中心面是在长度方向将车辆分为相等两部分的一个假设平面。实际测量时,用中心面或其平行面作为宽度中心的测量基准。如果汽车不对称,那么测量后得到的尺寸就不同了。因此,校正不对称的汽车车身部件时,要使用车身数据图来不断测量和校正。

❹ 零平面的选择

零平面是分割车辆为前部、中部和后部三个矩形部分的基准面。实际测量时,用零平面作为长度基准,来测量其他测量点的长度数据。车辆中间车身的强度最高,测量时应把中间车身作为基础。

在实际使用机械式测量系统时,前零平面作为测量汽车前车身长度的尺寸的基准,后零平面作为测量汽车后车身长度尺寸的基准。而利用电子测量系统时,为了测量结果更精确,把前零平面作为测量后车身长度尺寸的基准,后零平面作为测量前车身长度尺寸的基准。

学习任务十一　前纵梁的测量与校正

引导问题 7　车身测量的方法有哪些？

为了精确地确定维修尺寸,测量车身时要求:准确地找到参考点,精确地测量各个尺寸,正确地分析损伤变形;要经常测量,在整个维修过程中要反复、不断地进行测量;重复检验测量结果,各参考点都维修好后,再次检验整车的尺寸。

车身测量的方法一般包括测距法、定中法和坐标法,经验丰富的钣金维修技师也采用目测法。目测法通过对照参考部件,来确定修复部件的形状和位置是否达标。目测法在车身数据测量方面效果欠佳,但对车身覆盖件的平面度、弧形度、间隙的检测方便快捷。

1 测距法

简单和实用的车身机械测量方法是测距法,即两点间直线的距离测量,它主要通过测距来体现车身构件之间的位置状态。测距法要根据车身的标准尺寸来精确地测量受损汽车。如果没有标准尺寸,而车身仅是一侧受到损坏且不严重,那么就可以测量未损伤一侧的尺寸,并以此作为损坏一侧的对照尺寸。否则,可用一辆没有受损且是同一厂家、同一年份、同一型号的汽车作为校正受损汽车的参照。

(1) 采用钢卷尺测量简便、易行,但测量精度低,只适合精度要求不高的场合。为了便于测量,可以将钢卷尺的头部改细些,这样可以直接伸入测量孔中。因为用眼睛很难判断孔中心位置,所以测量时应该读取基准孔边缘位置的刻度,如图 11-12 所示,当测量孔直径相等时,孔边缘距离等于中心距离,当测量孔不相等时,通过测量孔径和简单计算,可以得出结果。

(2) 当两个孔之间有障碍物时,不能使用钢卷尺测量,可以使用轨道式量规进行测量。轨道式量规结构如图 11-13 所示,用轨道式量规对控制点进行测量时,一般情况下测量孔直径比轨道式量规的锥头要小,测量的锥头起到自定心的作用。

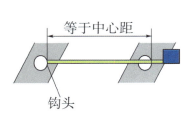
图 11-12　钢卷尺测量

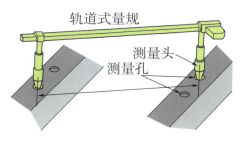
图 11-13　轨道式量规

当测量孔大于测量头直径或孔太浅时,如图 11-14 所示,需要采用将测量头置于孔的边缘,测量出两个孔同侧边缘的距离后,再计算出两个孔的中心距离。

(3)在汽车损伤严重,而维修时没有车身相关数据的情况下,可以使用对角线测量法。对角线测量法可以通过车身截面上选取四个点,然后测量两个对角线长度,再加以对比来判断车身受损情况。两腰相等的梯形,正常时两条对角线应相等;当出现如图 11-15a)所示情况,说明左侧变形。要注意对角线相等,并不能说明对称截平面一定不变形,如图 11-15b)所示。

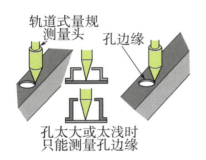

图 11-14　轨道式测量孔径较大的控制点　　图 11-15　对角线测量法

❷ 定中法

定中法是在控制点基准孔中悬挂中心量规,通过观察中心量规的相对位置来判断车身变形。这种方法主要应用在车身发生综合性变形、车身或车架与汽车纵轴线的对称度发生变化的情形。中心量规由水平滑杆、基准点挂杆和中心指针等组成。测量时将四个中心量规分别安置于汽车底盘下面,如图 11-16 所示,通过中心量规是否处于同一轴线上和水平滑杆是否平行,很容易判断车身是否有弯曲、翘曲或扭曲变形,如图 11-17 所示。

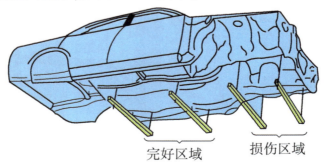

图 11-16　安装中心量规

学习任务十一　前纵梁的测量与校正

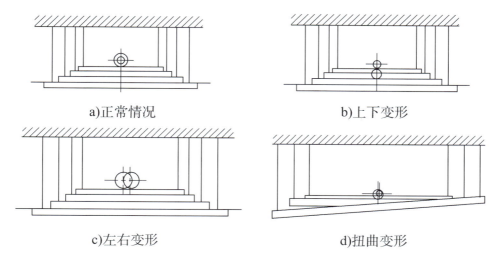

a) 正常情况　　　　　　　　b) 上下变形

c) 左右变形　　　　　　　　d) 扭曲变形

图 11-17　用杆式中心量规检查车身变形

3 坐标法

坐标法适合于对车身壳体表面进行测量，尤其是曲面外形。坐标法可以对一个基准点同时从长度、宽度、高度三个方向上进行测量，这种方法又称三维测量。三维测量设备主要分为机械式车身测量系统和电子式车身测量系统。

机械测量车身尺寸主要是利用机械工具对车身尺寸进行测量。机械式车身测量系统如图 11-18 所示，机械测量法测量精度不高，但简单、快捷，目前使用非常广泛。机械式车身测量设备可配合大梁校正设备一起使用，利用大梁校正设备对车辆的变形损伤进行修复，可以实现精度高、修复速度快等要求。

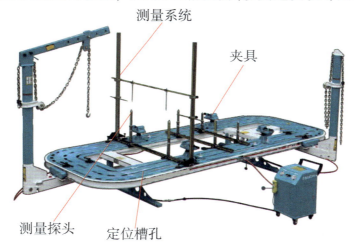

图 11-18　机械式车身测量系统

使用机械测量系统测量时,只要移动测量系统就能检查车辆所有基准点,还能快速地确定车辆上的每个基准点的位置。测量时需要注意:测量系统的各个部件通常是铝合金制造的,使用过程中应该轻拿轻放,确保测量系统部件不被损坏。

使用机械测量系统的步骤如下:

(1)拆下损坏件,包括机械件和车身覆盖件。例如,车身正面撞击,前纵梁变形,则需要拆下前保险杠、前防撞横梁、发动机或/和电动机等部分。

(2)如果车辆损坏非常严重,需要对中部或基础部分先进行粗略的校正,然后将中部基准点的尺寸恢复到标准数值。

(3)如果某些机械部件不需要拆除,则对这些部件进行必要的支撑。例如,不需要将空调压缩机拆除时,需要对其进行固定或支撑。

(4)安装测量系统,用测量头来测量基准点。通过各基准点实际测量数据与标准数据相比较,如果数据超过±3mm的误差,则说明基准点所处的位置已经变形,需要对该基准点进行先校正。需要修复不正确位置的基准点达到事故前的标准值。

(5)基准点找好以后,利用安装在测量架上的测量头来测量车身上的各个测量点。正确的安装测量系统的各个部件,用测量头来测量基准点。如果测量头不在正确的基准点位置,则车辆尺寸是不正确的。

(6)将测量值和标准值进行对比,确定车身部件是否变形,校正是否准确,或新件是否安装前定位正确。

电子式车身测量系统也可以配合大梁校正设备、举升设备、四轮定位仪等一起使用。电子测量法是使用计算机和专门的电子传感器测量车身结构的损坏情况,精度较高,目前电子测量法已在维修企业广泛运用。

选择车身电子测量法时,测量设备、工具在使用过程中操作必须小心,轻拿轻放,测量前首先找基准,根据数据图要求选择测量头,按照数据图测量车身控制点,将车身测量尺寸与数据表的标准尺寸进行对比,测量误差为±1~±1.5mm,最后将长度、宽度、高度的精确测量结果打印出来。

奔腾激光电子测量仪包括激光扫描仪,测量标靶,测量机柜,电脑及彩色打印机,以及各种接头等,如图11-19所示。测量软件系统全中文界面,有测量点提示,标注了测量标靶,有测量探头选择提示。测量系统自动基准自动平衡补偿,无须考虑车身固定的上、下、左、右偏移。

如图11-20所示,测量系统利用激光扫描仪旋转反光镜反射回的激光,照射悬挂在车身测量点反光的测量标靶上，精准读取测量参照点长宽高测试数值。测量系统可以自动转换，部件安装与拆卸下不同的测量参数值，方便车辆修复定位部件更换。测量系统可以提供维修前、维修中、维修后全程监控车辆的碰撞、拉伸情况，能同时监控最多36个车下或车上测量点，根据系统内数据库里的车型数据自动算出测量值与标准值之间的差值。维修技师可通过显示屏实时地监视结果，监控整个拉伸过程。测量系统还可以提供维修前后数据损伤诊断、维修技术报告及标准数据报告。拉伸过程同步参照点测量尺寸数据显示，进行多点拉伸监控，保证修复质量。

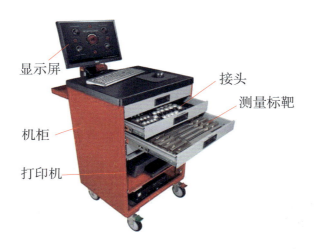

图 11-19　激光测量仪

图 11-20　激光测量仪工作原理

二、实施作业

引导问题8 作业需要哪些工具、设备和材料?

（1）工具及设备：拉伸夹具、铁链、钣金锤、气钻、气动打磨机、各种钣金专用大力钳、钣金专用錾子、机械测量仪或电子测量仪、平台式车身校正仪（包括各种拉升用钢索）、CO_2 保护焊焊机等。

（2）材料：需要更换的前保险杠、散热器框架、散热器、发动机舱盖等。

引导问题9 作业前的准备工作有哪些?

（1）由于前纵梁后移，车轮卡死不能转动，需要拆卸车轮，在轮毂上安装车轮支架，将车轮支架放在拖车器上，利用手动或电动拉车器将车辆牵引到校正平台。将车辆稍靠近校正平台前部，车辆中心尽量与校正平台中心平齐。

图 11-21　固定车辆

（2）用举升装置举升车辆的举升点，升起车辆，车身底部裙边的高度要高出主夹具 10~20mm。松开主夹具的钳口，把夹具移动到门槛板下部裙边的下面，慢慢降低车辆，让门槛板下面的裙边完全落入夹具的钳口中，将车辆主夹具调整到同一个高度，如图 11-21 所示。

（3）事故车固定在平台式车身校正仪上，工作区保持地面无水、油、易燃材料、杂物，电源线正确地接地。

（4）车身校正仪周围要有大于 1m 的空间，以便于操作。

（5）套上转向盘护套、变速杆手柄套和座椅套等，铺设脚垫。

引导问题10 校正和测量前纵梁需注意哪些事项?

（1）车辆需要牢固地固定在平台上。

（2）进行拉伸校正时，严禁操作人员与链条和牵拉夹钳在一条直线上，用钢丝绳进行保险，防止发生危险，如图 11-22 所示。

（3）在使用千斤顶时，维修人员不能在汽车上面或下面。

（4）将链条嵌入在顶杆锁紧窝凹槽内，不能有扭曲，呈一条直线，如图 11-23 所示。将链条挂钩挂入夹具的牵引孔内，牵拉力一般是让钢板件在平行方向受力，如图 11-24 所示。

图 11-22　用钢丝绳进行保险

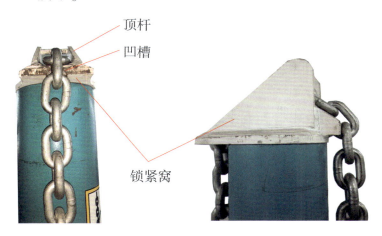

图 11-23　锁紧链条

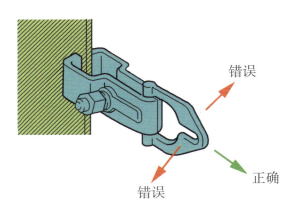

图 11-24　牵拉方向

（5）塔柱必须稳固地与汽车和平台连接，选择合适的拉伸链条、夹具、钣金工具进行操作。塔柱与平台的固定螺栓紧固牢靠，导向环的固定手轮是在拉伸前固定导向环高度的,当拉伸开始后要松开手轮。如图 11-25 所示。

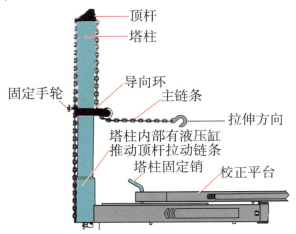

图 11-25　塔柱拉伸系统

引导问题 11　怎样测量与校正前纵梁?

① 拆卸相关覆盖件附件、制订修理计划

为了正确地评估和制订维修方案,需要拆卸前保险杠、灯具、轮罩、翼子板等部件或总成,然后对车身损坏进行分析。

对车辆进行损坏分析,通过分析找出碰撞的位置和碰撞力的传递方向。然后沿着碰撞力的传递方向,检查车身,找到损坏和变形的部件,直到没有任何损伤痕迹的位置。例如立柱损伤,可以通过检查门的配合状况来确定。通过检查和分析来决定车身部件的维修工艺。对于损坏变形严重的部件,要进行更换;对于损坏变形不严重的部件,要进行维修。

通过检查发现以下情况:

(1)右前翼子板扭曲变形,向后挤压到车门,连接右前翼子板的轮罩也发生了变形;

(2)发动机舱盖已经严重变形;

(3)右前立柱有弯曲变形的痕迹;

(4)右中立柱上部车顶部位有凹陷变形;

(5)右前车门向后移已经关不上;

(6)右前立柱下部有变形;

（7）右前门槛护板损坏；

（8）右前立柱内装饰板有错位；

（9）前围板和地板交界处由于右前纵梁的后移导致有隆起变形；

（10）检查副车架时无明显损坏的痕迹，对其进行测量并比较标准尺寸，发现有差别，需要更换副车架；

（11）检查车身外的发动机、底盘和电气元部件，发现车轮、减振器、减震弹簧、发动机传动带、空调压缩机等存在零部件的损坏；

（12）检查车辆左侧后门、后侧围板行李舱盖、左侧前立柱、左前车门、中柱及后车门等没有发现明显的变形，对没有变形的部位需要用测量设备精确测量后确认是否需要修复。

通过分析确定以下维修计划：车前保险杠、散热器框架、散热器、发动机舱盖、前风窗玻璃、左翼子板挡泥板等部件由于损坏变形严重，无法修复，需要更换新件；车辆左侧前立柱、风窗立柱、前车门、中立柱、门槛板、右翼子板、前纵梁、挡泥板等虽然有变形，但可以进行修复。检查左右前纵梁都已经向内弯曲，如图11-26所示，车辆碰撞造成摇头型损伤，正常时前纵梁应在钢直尺方向，现在左右前纵梁已经向右弯曲。

图11-26　前纵梁损伤情况

❷ 移交机电维修部门，拆卸相关部件

移交机电维修部门，对妨碍维修的部件或总成（如发动机、变速驱动桥、转向器、悬架等）进行拆卸。

❸ 粗略拉伸、拆卸散热器支架等附件

在拆卸前端零部件之前，应该先用拉力装置将其拉出，进行粗略校正。选择拉伸点,可以选择如图11-27所示保险杠或散热器支架的中间部位,当保险杠横梁和前翼子板的前端向前拉伸时,不仅能校正大多数的直接破坏,而且还能恢复和校正大多数间接损坏,包括保险杠横梁、翼子板内板、散热器支架、轮罩等部件,这样更容易对它们进行拆卸、修理和更换。

前纵梁弯曲,可能会造成车门及门框变形,修复车门框,可以选择如图11-28所示的复合牵拉系统。每次校正拉伸过程中,要找到两个或更多的拉伸点和方向,精确地按所需方向成功地进行牵拉。多点的复合牵拉,极大地减小了每个点上所需的力,大的拉伸力通过几个连接点加以分散,因此减少了薄钢板被拉断的危险。

图11-27　拉伸散热器支架

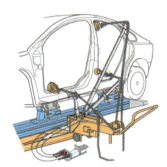
图11-28　复合牵拉系统

4 前纵梁测量与校正

在牵拉过程中,要考虑车身结构、构件材料、碰撞损坏情况等多种因素。确定施力方向后,把校正设备安放在与施力方向(凹痕)相垂直的位置。前纵梁损坏必须在车身上校正设备上校正和修复,在修复前,需要对车身进行固定。

(1)固定车身。车身固定分为基本固定与辅助固定。基本固定是指使用车身校正设备修理受损车辆的前期准备,为了确保车体在作业中不发生移动而对车体进行固定,关于固定的具体部位,原则是对车身悬架位置(前立柱以及后立柱根部附近)进行4点固定,如图11-29所示。

在实施基本固定的情况下,为了防止车体移动,根据产生推、拉作用力的作业点和作业方向,对分散推拉作用力等位置的支点进行辅助固定,如图11-30所示。辅助固定的作用有两种:一种是为了便于修理,另一种是为了防止二次损伤。

学习任务十一　前纵梁的测量与校正

图 11-29　裙部固定

图 11-30　辅助固定

（2）进行拉伸作业。拉伸是一个循序反复的过程，一般需要经过少量拉伸、保持、测量、调整、再拉伸、再保持等阶段。在这个反复的过程中，金属组织的内部会由紧张的状态变为逐渐松弛的状态，金属构件也会逐渐恢复原状。

①应选择正确的连接点，安装液压装置，如图 11-31 所示，然后预估拉力的方向进行施加压力。注意需要选择多个位置施加作用力。

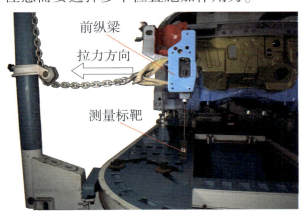
图 11-31　选择正确的连接点

②要慢慢施加压力，在拉伸牵引过程中时刻对受损部位进行监测，可以控制牵引的方向与力的大小，并不断改变拉力的方向，准确高效地进行修复。加工钢板时，因残留应力的作用，钢板会发生弹性复位。将变形的车身前纵梁修复为原来的形状时，前纵梁也会发生弹性复位的现象。所以，修复时要对弹性复位进行估算。在牵引作业时，根据恢复状态增加牵引量，牵引量比规定尺寸大 2~3 mm。

③在拉紧铁链的状态下锤击损伤部位，此时要提防夹具受到牵引力和振动力而脱开。并且要经常撤掉压力，检查校正的情况，包括查看前纵梁背面的修复情况，如图 11-32 所示。

④选择拉伸夹具，在前纵梁长度方向对前纵梁进行拉伸。要对车身进行仔

细测量，一定要避免过度拉伸，一旦造成过度拉伸，结果只能更换前纵梁。

（3）认真检查前纵梁是否存在裂纹。对前纵梁有裂纹处进行打磨后焊接，如图 11-33 所示。

图 11-32　监测前纵梁的背面

图 11-33　焊接裂纹

（4）试装检测作业。实际生产中维修技师会利用参照物法临时代替测量法。在校正前纵梁后，可以进行其他构件试装。试装保险杠加强件和横梁、散热器架上横梁、发动机舱盖等。通过试装上的零部件来确认修复是否符合要求。

（5）前纵梁的测量。测量工作是很重要的，贯穿在整个修复过程之中，通过对多个测量控制点进行测量，找到主要校正的工艺方法。常用的测量方法包括机械测量法和电子测量法。

① 使用机械车身测量法。利用杆规测量车身尺寸的方法，前纵梁的测量要结合大梁校正仪和车身大梁结构数据图，如图 11-34 所示。

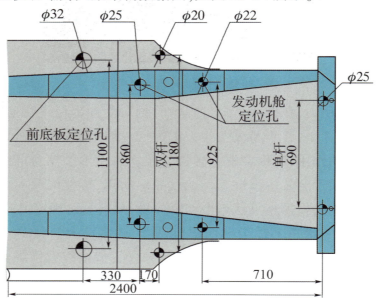
图 11-34　车身大梁结构数据图（单位：mm）

学习任务十一　前纵梁的测量与校正

在检查前部车身尺寸时,用杆规测量的最好部位就是悬架和机械部件的固定点,例如减振器塔座上,如图11-35所示,它们对于正确的定位非常重要。检查时,每个尺寸都应从另外两个基准点进行检查,其中至少应有一个基准点在对角线上。检查的尺寸越长,测量就越准确。如果利用每个基准点进行两个或更多个位置尺寸的测量,就能保证所得到的结果更为准确,也有助于判断板件损伤的范围和方向。

图11-35　对照标准并利用杆规测量

②使用电子测量法。电子车身底盘测量系统能够动态地显示拉伸点的坐标变化量,使车身的变形修复一次拉伸成型。在修复前测量,要先将需要修复的汽车拖到车身校正设备上,将汽车车身与车身校正设备固定。在车身校正设备上有车身裙部固定的装置,一般应将车身校正设备的4个装置都与车身裙部固定。

电子超声波测量系统包括超声波发射器、超声波接收器、主机及各种测量头等。如图11-36所示,将测量头及测量接杆等安装到车身的底盘前立柱下面的测量点上,发射器发送出超声波,测量系统的接收器接收信号,计算机根据每个接收器的接收情况自动计算出每个测量点的三维数据(长度、宽度、高度)。

(6)检查焊点有无松动,若有重新进行焊接。最后进行打磨焊点和接缝涂胶处理,如图11-37所示。

图11-36　安装发射器

图11-37　接缝涂胶处理

5 进行检验,移交涂装、机电维修部门

交喷涂车间对修复过的纵梁、减振器塔座及相关板件进行防锈处理和漆面

处理。交机电车间安装发动机、散热器、冷凝器等,进行四轮定位。

6 涂装后,安装保险杠等附件

再交喷涂车间对应相关钣金件喷涂,喷涂完后交钣金车间安装。安排专业质检人员路试,检验各项性能达到厂家标准。交美容车间进行洗车,清洁车身和内饰,最后经过车间总检人员检验,合格后备案,开具出厂合格证书,方能让接车人员通知车主提车。

三 评价与反馈

对本学习任务进行评价,见表11-1。

评分表　　　　　　　　　　　　　　表11-1

考核项目	评分标准	分数(分)	学生自评	小组评价	教师评价	小计
团队合作	是否和谐	5				
活动参与	是否积极主动	5				
安全生产	有无安全隐患	10				
现场5S	是否做到	10				
任务方案	是否正确、合理	15				
操作过程	前纵梁的拉伸; 前纵梁的焊接; 前纵梁的测量; 保险杠、前照灯等安装	30				
任务完成情况	是否圆满完成作业	5				
工具和设备使用	是否规范、标准	10				
劳动纪律	是否能严格遵守	5				
工单填写	是否完整、规范	5				
总分		100				
教师签名:			年　月　日		得分	

学习任务十一　前纵梁的测量与校正

练习题

一、单项选择题

1. 关于前纵梁局部弱化错误的是(　　　)。
   A. 分散碰撞应力　　　　　　　　　B. 碰撞时容易在弱化位置变形
   C. 节省材料　　　　　　　　　　　D. 避免最大刚性部分弯曲

2. 左右前纵梁向内折弯,可能是(　　　)。
   A. 正面碰撞　　　　　　　　　　　B. 侧面碰撞
   C. 后面碰撞　　　　　　　　　　　D. 前部中间位置撞到杆状物体

3. 左右前纵梁受到摇头型损伤,可能是(　　　)。
   A. 正面碰撞　　　　　　　　　　　B. 前部受到横向冲撞
   C. 后面碰撞　　　　　　　　　　　D. 前部中间位置撞到杆状物体

4. 针对前纵梁过度拉伸有效的维修措施是(　　　)。
   A. 收缩处理　　　B. 切除一部分　　　C. 更换　　　D. 折边

5. 拉伸时,最正确的做法时(　　　)。
   A. 不能焊接临时焊片辅助拉伸　　　B. 尽量使用临时焊片辅助拉伸
   C. 在不方便使用夹钳的位置焊接临时焊片辅助拉伸
   D. 必须使用夹钳来辅助拉伸

二、多项选择题

1. 前纵梁未彻底修复好,有哪些影响?(　　　)
   A. 影响转向轮定位　　　　　　　　B. 引起转向系统异常磨损
   C. 引起高燃油消耗　　　　　　　　D. 影响安全性

2. 下面哪些作业需要进行车身测量?(　　　)
   A. 车身损伤分析和评估　　　　　　B. 车身维修
   C. 诊断车身故障　　　　　　　　　D. 车身维修后检验

3. 下列哪些故障,可以使用车身测量系统来帮助排除故障?(　　　)
   A. 车身有油渍　　　　　　　　　　B. 翼子板和车门衔接间隙大
   C. 车身发抖　　　　　　　　　　　D. 轮胎偏磨

4. 轿车车身测量基准一般有(　　　)。
   A. 控制点　　　B. 基准面　　　C. 中心面　　　D. 零平面

5. 测量车身的方法包括(　　　)。
   A. 测距法　　　B. 定中法　　　C. 坐标法　　　D. 目标法

学习任务十二

铝合金发动机舱盖的修复

知识目标
(1) 了解铝合金的相关知识；
(2) 正确叙述车身铝合金板件的修复技术。

能力目标
(1) 能对车身铝合金板件进行修复；
(2) 能对车身铝合金板件进行焊接。

思政与素养目标
(1) 培养团队合作、敬业奉献、服务人民的精神；
(2) 强化安全操作意识。

建议学时
8学时。

📝 **学习情境描述**

在一次事故中，一辆宝马轿车的铝合金发动机舱盖受损，出现凹坑，需要你对其进行修复。

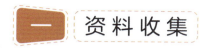

一　资料收集

引导问题1　铝合金车身有哪些特点？

车身上使用铝合金材料的零件越来越多,这是因为铝合金有以下特点:
(1)安全性。具有高的能量吸收性能,是制造车身变形区的理想材料。
(2)可加工性。铝材的一致性要比钢材好,它能够很好地通过冲压或挤压加工成型。
(3)环保性。99%的铝可以被循环利用。
(4)轻量化。车身的质量约为汽车总质量的30%,汽车内外板用铝合金代替钢板可使车身质量减轻40%~50%。一般车身主体采用铝合金制造,可减轻质量约140kg。
(5)防腐蚀性。单独的一件铝合金材料,会自然地产生氧化,这种氧化层会起防腐作用,即使面板被收火加热,也不需要对面板进行防腐保护。

铝合金还具有密度小、塑性好、不易生锈、热传导性及导电性好且具备可焊接性等特点,而且比钢板要轻得多、软得多,是车身上应用最多的轻质有色金属材料。

引导问题2　铝合金在车身上有哪些应用？

铝合金可用来制造汽车上的各种板件,例如车身覆盖件的车门板、翼子板、发动机舱盖,车身装饰件的装饰镶条、脚踏板、拉手、行李架等。

铝合金中主要合金元素是硅,还有少量的镁,这种铝合金部件一般应用在碰撞吸能区域,除了能够承载正常的载荷外,在碰撞变形中还可以吸收大量的能量,减少后面部件的变形量,图12-1所示是在碰撞中吸收大量能量的保险杠的加强件。

铸铝合金和压力加工铝合金表面处理后,成为制造车身零件的优选材料,可以形成复杂的构件。主要用于制造横梁、保险杠及其支撑件,车身蒙皮、车轮挡泥罩和车门、底板、裙板的部分构件,铝锌镁合金7000系列在所有铝合金中强度最高,使用于汽车保险杠的加强梁,如图12-2所示。

图 12-1　能吸收碰撞能量的铝镁合金　　图 12-2　铝合金保险杠加强梁

铝合金材料在汽车上的应用发展很快,最初只应用在汽车轮毂、发动机等部位,后来一些高档车及跑车,例如奥迪 A8、法拉利 599、奔驰新 SL 级、特斯拉 Model X 等已经用铝合金制造全车身结构件和外部板件。保时捷、宝马 5 应用铝合金制造发动机舱盖、前翼子板、前门等。奥迪 A6、别克 GL8 等也应用了铝合金制造发动机舱盖。随着铝合金制造及加工技术的突飞猛进,大有铝合金车身取代钢板车身的趋势。特斯拉 Model 3 采用了钢铝混合车身结构,如图 12-3 所示,钢铝混合车身结构制造加工及维修成本比全铝车身低,铝制结构主要集中在车尾,可以平衡后轴电动机的重量。

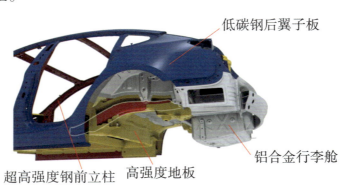

图 12-3　钢铝混合车身

引导问题 3　修复铝合金车身板件有哪些注意事项?

1　安全防护注意事项

加工铝合金板件与钢板板件有很大的区别,打磨外层有涂层的部件至基体材料以及打磨面积较大时,会出现大量的铝粉尘,高质量分数的细小铝粉尘会导

学习任务十二　铝合金发动机舱盖的修复

致爆炸,即使在空腔内搅动细小铝粉尘也会有爆炸危险。可以使用防爆排风装置进行抽排,避免由于连续抽吸而造成细小的铝粉尘质量分数增高。在清洁工作场地时不得使用压缩空气,避免铝粉尘在清洁工作场地时扬起。维修技师在存在铝粉尘情况下作业要开启防爆排风装置,并戴上防尘面罩等防护用品。

❷ 使用修复铝合金板件工具的注意事项

铝合金材料与其他种类的材料接触时,会导致铝合金材料的腐蚀,这种腐蚀称为"电偶腐蚀",所以在维修之前,要清理工具上的金属颗粒,在维修之后,加工面和工具也要进行必要的彻底清洁,或者直接使用专用的铝合金修复工具。

❸ 储存铝合金板件注意事项

铝合金件应干燥储存,并要求与钢制零部件分开或隔离。不要损坏厂方为防止铝合金氧化加在其表面上的保护层。

❹ 打磨铝合金板件注意事项

(1)在铝板上打磨时,要防止高速砂轮机上粗糙的砂轮磨穿柔软的铝,可以使用36号粒度的疏涂层砂轮。

(2)打磨过程中产生的热量积聚使铝板弯曲,打磨1~2次后,用气枪吹气使金属冷却。

(3)对于小范围和薄边的打磨,应使用双向打磨机或电动抛光机,转速应低于2500r/min。建议使用粒度为80号或100号的砂纸或柔软、能变形的砂轮垫,以避免热量积聚使之变形。打磨时要特别注意,只能将油漆和底层涂料去掉,不可打磨到金属。

(4)铝合金基础材料如果暴露在氧气中,会产生防腐蚀的氧化层,这种氧化层减小附着力,进而会影响喷漆的效果,所以在操作前应该清洁表面,并尽快处理该材料。应使用钢丝刷或低转速的打磨机配如图12-4所示的专用砂纸进行打磨,钢丝有腐蚀危险,在进行加工后务必更换。

图12-4　精细铝砂纸

❺ 铝板件的手工修复注意事项

(1)铝合金比钢板软得多,铝板的修理更需要小心,敲击时应该多次轻敲,而不能只是重敲一两次,而且当铝合金板件受到加工硬化以后,更难以加工成型。

（2）铝合金的熔点也较低，加热时容易变形。铝制的车身及车架构件的厚度通常是钢件的1~2倍。由于加工硬化的影响，铝件受到损坏后更加难以修复。在修理损坏的铝板时，应该考虑到这些特性。

（3）铝板的强度比较低，不能使用常规钢板的整形工具。修复时使用表面是木质、铝质（图12-5）或橡胶锤来进行修复，可以防止在校正中铝板因敲击过重而产生过度的拉伸。不得使用有锐边的工具，不得使用钣金收缩锤，避免过度延展和开裂。

图12-5　铝制钣金锤

（4）由于铝板的可延展性不及钢板，故采用铁锤不在垫铁正上方的敲击法，这种敲击方法对铝板的变形较缓和。为了降低隆起处的高度而用木质、铝质或橡胶锤配合垫铁敲击时，必须注意不要加重损坏的程度。操作时一般采用偏托法，如果采用正托法敲平，打击所导致的表面变形就不容易恢复，而偏托法敲击对铝板的变形较缓和。用锤在顶铁上方敲击时，应注意锤的力度和次数，敲击太重或次数太多都会使铝合金受到加工损伤。应该尽量轻敲，循序渐进。

（5）对于铝合金板上的小凹陷，可用撬杠或精修冲撬起，效果更好。对于面积较大的弹性变形，首先可用锤子和修平刀进行弹性敲击，以释放隆起变形处的应力，将敲击产生的力分散到较大的范围，使坚硬的折损处发生弯曲的可能性减小，再用铝合金外形修复机进行修复。另外因铝合金冷却速度快，在加温之后需立即敲打整平作业。

6 外形修复机的基本操作及注意事项

不能使用普通钢板车身外形修复机修复铝合金车身。铝合金车身外形修复机及配套附件如图12-6所示，它和钢板外形修复机修复的工作原理不同，钢板外形修复机内部有线圈变压器，通过线圈变压器变成低电压高电流，然后通过垫圈与板件接触通电产生电阻热熔化钢铁焊接在一起。铝的电阻是钢板的1/5~1/4，

学习任务十二　铝合金发动机舱盖的修复

铝焊接时的电流是钢铁焊接的 4～5 倍,很难做到这么大的电流。铝板外形修复机内部没有线圈变压器,里面有十几个大容量的电容,通过所有电容瞬间放电来焊接,和钢板外形修复机工作原理相同。

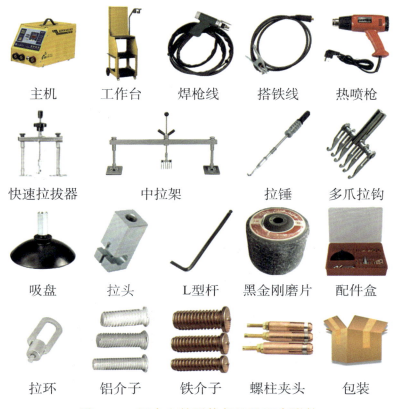

图 12-6　铝合金外形修复机及配套附件

操作铝合金外形修复机的步骤如下:

(1)把焊枪接头插入主机连接口并拧紧,插入信号线,在车身上打磨搭铁线位置,如图 12-7 所示。

(2)调节铝钉夹头,把铝钉放入夹头,调节夹头尾部的连接杆,直到连接杆顶部和铝钉头接触,使铝钉高出夹头 2～3mm,拧紧夹头底部紧固螺母,如图 12-8 所示。

(3)把铝钉夹头安装到焊枪(图 12-9),拧紧焊枪的锁紧螺母,锁紧夹头。

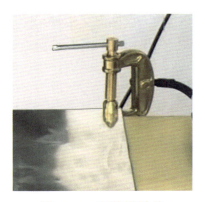

图 12-7　安装搭铁线

(4)打开总电源后,再打开面板上的电源开关(即 ON/OFF),铝合金外形修复机的界面如图 12-10 和图 12-11 所示。

167

图 12-8　铝钉夹头

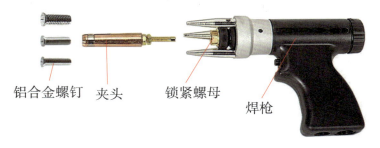

图 12-9　铝合金车身修复机焊枪

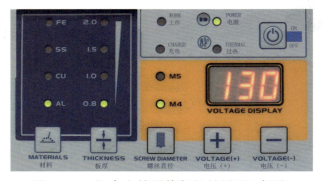

图 12-10　铝合金外形修复机的界面(多用)

0.8-板件厚度为 0.8mm；M4、M5-公称直径分别为 4mm、5mm 的铝制螺钉；VOLTAGE DISPLAY-电压显示

图 12-11　铝合金外形修复机的界面(专用)

（5）选择车身材料为 AL（铝），根据车身需要修复钣件的厚度选择"板厚"。

（6）根据钣金的厚度选择铝钉直径，1.0mm 以内板件厚度选择 M4 螺钉。超过 1.0mm 的板件厚度选择 M5 螺钉。

（7）根据车身板件厚度对工作电压进行微调，板厚 0.8mm 时，电压参考值为 105V 左右，板厚 1.0mm 时，电压参考值为 115V 左右。

（8）在与损伤需要修复板件材料和厚度相同的板件上试焊，试焊后检测焊接强度。

（9）如图 12-12 所示，焊接铝钉时，先按压住焊枪开关，焊枪和板件保持垂直，双手垂直用力下压进行焊接，如图 12-13 所示。

图 12-12　焊枪和板件保持垂直

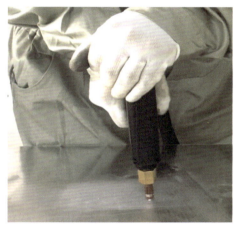
图 12-13　焊接铝钉

引导问题 4　铝合金发动机舱盖的结构是怎样的？

发动机舱盖位于车辆前上部，是发动机舱的维护盖板，打开时通过铰链和撑杆支撑，也有通过铰链和液压撑杆固定，可以很方便地开关。

为了防止变形和振动，发动机舱盖通常由两块或两块以上的板焊接或黏结在一起，如图 12-14 所示。它包括外板、内板和加强梁，内板和外板的四周以单折边连接取代焊接，加强梁通过电阻点焊连接在内板上，黏结剂涂抹于内板和外板的间隙中。中高档车内板上还有通过塑料卡扣固定的隔热垫，它是纤维状岩棉垫，起隔声、隔热、防尘作用。

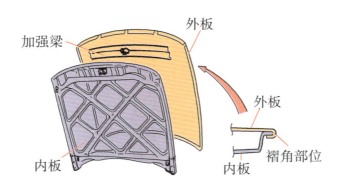

图 12-14　发动机舱盖结构

> **引导问题 5**　怎样进行铝合金惰性气体保护焊？

铝合金的焊接

1 铝合金焊接的特点

（1）铝合金车身板件与钢板相比变形量有限，要尽量避免铝合金车身板件的过度延展，因为材料的过度延展将导致机械硬化和更高的开裂倾向。

（2）铝合金车身板件与钢板相比导热性几乎高4倍，因此热能散发较快。

（3）铝合金材料热膨胀系数与钢板高2倍，材料膨胀性更强。校正处理时需要的热处理时间较短。

（4）铝合金车身材料采用惰性气体钎焊技术，在焊接时，相邻的工作区域受影响较大，在200~250℃之间便会发生结构变化，其延展性能及变形度有改善，但是强度降低。

2 铝合金焊接的注意事项

对铝板进行修复处理时，铝板的韧性低，容易在敲击部位形成加工硬化而破裂，需要进行焊接。由于铝件的导热性好，它特别适合于采用惰性气体进行焊接。进行焊接时，应注意下列问题：

（1）铝合金焊接工艺性略差，需要手工焊接时，应按照焊接工艺，并由有经验的人员操作，才能获得好的焊接效果。

（2）应使用针对熔化极活性气体保护焊或惰性气体钎焊的专用焊接烟雾抽排装置，或用钢保护帘将工作场地隔开。焊工必须穿着适合于焊接的防护服和不可燃手套。

(3)在焊接区域可触及的近距离内应有一个灭火器。不得在燃油箱附近进行焊接作业。

❸ 铝合金焊接工艺

(1)铝的熔点为660.4℃,表面铝的氧化层的熔点为2050℃。所以在焊接之前要清除焊接区域的氧化层,因为氧化层的存在会导致焊缝夹渣和裂纹。

(2)用钢丝刷或钢丝球清洁去除杂质、油污和氧化物,2h内未焊接,需重新清洁。

(3)应使用铝焊丝和100%的氩气,而且在焊接铝板时,保护气体的数量要比焊接钢板时增加约50%。

(4)只能采用正向焊接法,不能进行逆向焊接,进行垂直立焊时,应从下面开始向上面焊接。焊枪应与板面呈75°~85°角,即接近垂直位置,如图12-15所示。

(5)焊接铝板时送丝速度宜稍快。为防止焊丝弯曲,宜将送丝滚轴上的压力调低一点。但压力也不可过低,以防止造成送丝速度不稳定。

(6)焊接铝板会产生更多的飞溅物,应在喷嘴和导电铜嘴的端部涂上防溅剂。

图12-15 焊枪与板面呈75°~85°角

❹ 铝板焊接操作步骤

(1)用去油纸对焊接部位进行彻底的清洁。

(2)将两块直角边的铝板放在金属台上,并将焊接夹具固定在台上。

(3)如果铝板表面有涂层,用装有粒度为80号砂轮的砂轮机磨去宽度为20mm范围内的涂层,让金属裸露出来。也可以使用双向砂轮机除去涂层,注意不要将砂轮压得太紧,以免温度升高后,铝板上的微粒脱落,堵塞砂纸或砂轮片。

(4)用不锈钢钢丝刷刷净铝表面,直到表面发亮为止。

(5)在喷嘴内装入直径为1mm的铝焊丝,当焊丝伸出喷嘴大约10mm时,启动焊机。

(6)按照焊机的使用说明书调整电压和送丝速度,铝焊焊机控制面板如图12-16所示。但是,说明书上给出的只是大概的数值,修理人员可能还要对这些数值进行调整。和钢板的焊接相比,焊接铝板时的送丝速度较快。

(7)剪断焊丝的端部,以便将熔化的焊丝部分清除掉。

(8)将两块铝板放在一起,并在它们之间留一条焊缝。导电嘴到焊接处的距离为7～14mm。

(9)首先进行定位焊,确保焊片定位准确。

(10)惰性气体保护焊采用正向焊接法,按照正确的焊接操作方式来焊接,效果如图12-17所示,应无穿孔等现象。

图12-16　铝焊焊机控制面板

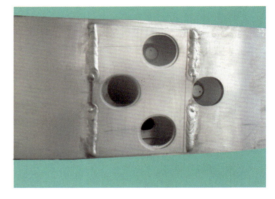

图12-17　铝合金焊接效果

(11)为防止变形,必须要避免过热,在焊接长焊缝时,应采用分段焊接,防止过热。

(12)焊接时要注意加热和冷却的速度不宜过快,在焊接较厚或较大的零件时,要对板件进行预热和控制冷却,焊接后在板件上覆盖一层防火毯,使冷却速度降低。

(13)铝合金焊缝的应力很大,会变脆,为防止这种情况,需要用锤子对焊缝进行锤击,以消除内应力,增加焊缝的强度。

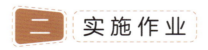

二　实施作业

引导问题6　**作业需要哪些工具、设备和材料?**

(1)工具及设备:气枪、铝合金修复专用的快速扳手、接杆、套筒、专用的脱卸工具、打磨机、专用的铝合金拉伸工具、螺栓盆、干净的胶箱、发动机舱盖修复工作台、铝合金外形修复机、红外测温仪等。

（2）材料：热敏涂料、打磨砂纸等。

引导问题7　作业前的准备工作有哪些？

（1）汽车进入工位前，将工位清理干净，准备好相关的器材。
（2）将变速杆置于空挡，拉紧驻车制动器操纵杆或按下驻车制动开关。
（3）套上转向盘护套、变速杆手柄套和座椅套，铺设脚垫。
（4）粘贴两前翼子板和前通风格栅、前保险杠磁力护裙。
（5）拉起发动机舱盖释放杆。

引导问题8　铝合金发动机舱盖的修复需要注意哪些事项？

（1）发动机舱盖质量较重，修复时可能需要打开，勿将头部置于其下进行钣金作业，以防被砸伤。
（2）为避免铝粉尘爆炸，检查并开启防爆排风装置。
（3）由于焊接时产生极亮的电弧，因此在没有相应的保护措施情况下可能对眼睛造成严重损害。
（4）红外线测温仪反应时间快，测量范围广，可以非接触测量物体温度，如图12-18所示。但是红外线测温仪属于工业用品，不能用来检测人体的温度。

使用红外线测温仪时，需要注意：

①不要将激光束对准任何人的眼睛，否则会对眼睛造成永久性损坏。
②使用激光时，要保持高度谨慎。不要让小孩接触或使用本仪器。
③切勿在有爆炸性的气体、蒸汽或灰尘附近使用。
④测量铝板时，如果铝板有较强的反光，可能会造成测量不准确。
⑤测温仪距离被测物体不要超过最远距离，参考值48mm。

图12-18　红外测温仪

引导问题9 怎样修复发动机舱盖？

1 制订修复计划

为了能正确地进行损伤评估，在作业前，需要拆卸发动机舱盖相关附件。并根据发动机舱盖损伤情况，制订合理的维修方案。

（1）拆卸隔热层。在发动机舱盖的背面区域，隔热层是用塑料夹子固定的。为了能重复使用和避免饰板件损坏，只能使用专用的脱卸工具松开连接，如图12-19所示。

（2）检测出其变形位置及区域，正确评估车身的损伤，制订修复计划。观察发动机舱盖损伤严重及很难修复的部位，发动机舱盖受损较严重的需要更换，如图12-20所示。

图12-19 发动机舱盖隔热垫

图12-20 受损严重需更换的发动机舱盖

2 拆卸发动机舱盖

（1）如果发动机舱盖上带有前风窗玻璃喷水嘴、车标的，需要将其拆卸。

（2）拆卸发动机舱盖铰链。拆卸时要使用专用的工具。受到钢微粒污染的工具应进行彻底清洁。对于部件拆卸的特别提示可从相应的维修说明中获取。如果铝合金件是用螺栓连接的，则在维修时只允许使用维修信息查询系统中所规定的螺栓，否则会提高腐蚀危险性。

（3）将受损的铝合金发动机舱盖平整地固定在工作台上，平行于地面。

3 修复发动机舱盖

铝板外形修复机和钢板外形修复机工作原理相同，也是在板件上焊接介子,铝板焊接的介子是铝焊钉,然后通过铝焊钉对铝板进行拉伸,达到修复的效果。铝焊钉的头部有一个小尖与板件接触,接触面积小,电阻大,产生电阻热大,容易焊接,如果铝焊钉没有尖头就不能用了,大的接触面积正常的焊接电流不能够焊接,所以铝焊钉是一次性使用的,不能重复再用。如图12-21所示。

图12-21　铝合金焊钉

(1)目视铝合金板件的受损部位,在目视的同时,结合"米"字形触摸和直尺检测,如图12-22所示,画出损伤的范围,如图12-23所示。

图12-22　直尺检测损坏区域

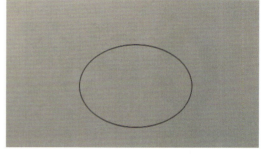

图12-23　画出损伤区域

图12-24　清除氧化层

(2)将油漆和底层涂料去掉后,将氧化层清除干净,否则焊接不牢固,如图12-24所示。打磨搭铁线夹连接点,将铝质搭铁线夹在板上。

(3)把焊钉(铝质拉拔专用钉)安装在焊枪上,接通铝焊机的电源,调整合适的电流大小。把焊钉用一定力压在板件上,焊钉要与板件接触面垂直,按压焊枪的启动开关,如图12-25所示。焊钉通电后应牢固地焊接在铝板上,应无虚连,如图12-26所示。

(4)如图12-27所示,把拉环拧到焊钉的螺纹上,通过拉拔器对板件凹陷处进行拉伸。在拉拔过程中,使用热风枪对损伤区域进行加热,加热的同时使用红外线测温仪监控铝板的温度,控制加热不能超过160℃,如图12-28所示。

(5)拉伸时动作要轻柔,力要慢慢加大,防止局部变形过大,同时用钣金校正橡胶锤或铝制钣金锤敲击其变形区的边缘,对拉伸部位进行敲击整形,如图12-29所示。

图12-25 用焊枪把焊钉焊接在铝板上

图 12-26 焊钉固定在铝板上

a)拉环

b)安装拉环

c)使用拉拔器拉伸

图 12-27 安装拉环并拉伸

图 12-28 加热铝板并监测温度

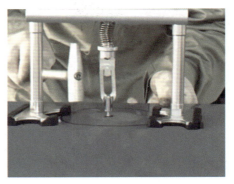
图 12-29 拉伸时敲击

（6）拉伸完后，用尖嘴钳贴着板面剪除焊接在表面的焊钉，如图12-30所示。

（7）焊接部位用锉修磨平整，如图12-31所示，再目测结合"米"字形触摸检查和使用直尺检测，使用打磨机将修复区域打磨平整，如图12-32所示。铝板处理后不用进行防腐处理，因为铝板会马上形成氧化膜阻止进一步氧化。

学习任务十二　铝合金发动机舱盖的修复

图 12-30　剪除焊钉　　　　　图 12-31　修整铝合金表面

（8）铝板的加热收缩。对铝板进行拉伸或敲击时，用力过大很容易形成隆起变形，这时就需要对受到拉伸的板件进行收缩处理，加热可以有效恢复正常的板件高度，将铝合金材料恢复成形。铝板的强度低、熔点低，加热不能过高，否则会使板件产生更大的变形或熔化，导致不可修复而需要更换。

图 12-32　打磨修复表面

①围绕铝板的待加热区域用热敏涂料或热敏笔画一个环状的标志，均匀移动火焰或铜棒，对变形处加热，如图 12-33 所示。

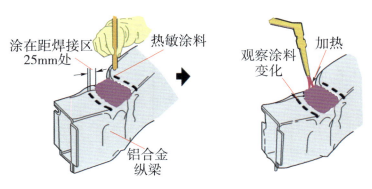

图 12-33　加热过程

②如果采用铜棒来加热收缩铝板，可以使用红外测温仪来监测加热温度，如图 12-34 所示。

③将铝合金板件加热到 200℃ 左右。铝合金材料有良好的导热性，即使只在铝合金材料的某一个集中的部位进行加热，热量也会很快地传递到更大的区域。铝合金的熔点为 600℃ 左右，熔点温度是钢板材料的一半，铝合金材料在加热时不会变成红色，因此，在进行加热处理时应小心，确保材料不被熔化。对铝合金材料进行加热时，最合适的温度应该在 200℃，超过了 200℃，铝合金材料金属特

图 12-34　使用碳棒加热

性会发生变化,当加热的温度超过 250℃,铝合金材料会变得非常脆弱。

④对于热收缩部位应尽量缓慢冷却,因为快速冷却、收缩会造成铝合金板的变形,冷却时不能用水或压缩空气来加速冷却。

(9)如有断裂的现象,需先用惰性气体焊对铝合金发动机舱盖开裂处焊接。

❹ 打磨及防锈处理

修复后用钢丝刷清洁所有焊缝并清除烧坏的油漆,在原来涂有车身密封胶的所有焊接连接处涂底漆并进行密封。

❺ 送涂装车间前检查

修复或更换后还要检查发动机舱盖和前翼子板、前照灯、前散热格栅等相关构件的间隙、平面度。在确认车身各部配合完全正确后,经检验员检验后才能交下一道工序进行涂装作业。

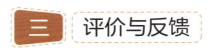

三　评价与反馈

对本学习任务进行评价,见表 12-1。

评分表　　　　　　　　　　　表 12-1

考核项目	评分标准	分数(分)	学生自评	小组评价	教师评价	小计
团队合作	是否和谐	5				
活动参与	是否积极主动	5				
安全生产	有无安全隐患	10				
现场 5S	是否做到	10				
任务方案	是否正确、合理	15				
操作过程	发动机舱盖的拆卸; 发动机舱盖的修复; 发动机舱盖的焊接; 发动机舱盖的检验	30				

学习任务十二 铝合金发动机舱盖的修复

续上表

考核项目	评分标准	分数(分)	学生自评	小组评价	教师评价	小计
任务完成情况	是否圆满完成作业	5				
工具和设备使用	是否规范、标准	10				
劳动纪律	是否能严格遵守	5				
工单填写	是否完整、规范	5				
总分		100				
教师签名：			年 月 日		得分	

练习题

一、单项选择题

1. 相比钢板材料车身，不属于铝合金材料车身特点的是(　　)。
   A. 提高安全性　　B. 可加工性好　　C. 更环保　　D. 维修成本低

2. 铝合金材料与其他种类材料接触时，会导致铝合金材料腐蚀，这种腐蚀称为(　　)。
   A. 电偶腐蚀　　B. 点蚀　　C. 应力腐蚀　　D. 磨损腐蚀

3. 关于修复铝合金板件，下列说法错误的是(　　)。
   A. 铝焊钉是一次性的，不能重复使用
   B. 铝合金氧化层导电性能不好，安装搭铁线时，要打磨氧化层
   C. 焊钉和板呈30°焊接，便于拉拔
   D. 拉伸时动作要轻柔，防止过度拉伸

二、多项选择题

1. 关于铝合金材料打磨，下列说法正确的是(　　)。
   A. 可以选用疏涂层砂轮
   B. 避免热量积聚，用气枪吹气冷却
   C. 使用柔软的砂轮垫
   D. 打磨铝合金氧化层可以采用专用砂纸

2. 关于铝合金材料手工修复，正确的是(　　)。
   A. 多次轻敲，不要重敲造成硬化
   B. 铝合金的熔点低，加热容易变形

C. 铝合金比钢板强度较高,防止过度拉伸

D. 铝合金冷却速度快

3. 关于铝合金焊接和普通钢板材料焊接相比,正确的是(　　)。

A. 焊接工艺性略差

B. 需要专门的抽排装置

C. 保护气体比焊接钢板增加约 50%

D. 送丝速度宜慢

4. 关于修复铝合金舱盖注意事项表述正确的是(　　)。

A. 发动机舱盖较重,不能将头部置于其下进行钣金作业

B. 要检查并开启排风装置

C. 焊接时产生非常亮的电弧,需要专门的防护装置

D. 铝合金舱盖修复难度极高,尽量更换

参 考 文 献

[1] 顾平林,冯小青.汽车碰撞钣金修复技巧与实例[M].北京:机械工业出版社,2015.

[2] 白建伟,吴友生.汽车碰撞分析与估损[M].北京:机械工业出版社,2015.

[3] 中国汽车维修行业协会.汽车钣金常见维修项目实训教材[M].北京:人民交通出版社,2011.

[4] 马云贵,谭本忠.汽车钣金教程[M].北京:机械工业出版社,2010.

[5] 李昌凤.手把手教您学汽车钣金修复[M].北京:机械工业出版社,2015.

[6] 张湘衡.汽车车身碰撞修复[M].沈阳:辽宁科学技术出版社,2011.

[7] 冯培林.汽车钣金维修技术[M].北京:化学工业出版社,2010.

[8] 杨智勇.汽车钣金就这么简单[M].北京:机械工业出版社,2015.

[9] 刘汉涛.图解汽车钣金与喷漆技能[M].北京:电子工业出版社,2016.

[10] 纪建平,黄涛,于晓亮.汽车车身钣金修复技术[M].北京:机械工业出版社,2023.

[11] 纪建平,付贺阳,宋元利.汽车钣金喷涂技术[M].北京:机械工业出版社,2023.

[12] 张启森,周云.汽车钣金[M].北京:机械工业出版社,2017.

[13] 吴军.汽车钣金维修一体化彩色教程[M].北京:机械工业出版社,2016.

[14] 张启友.汽车钣金修复工艺[M].北京:机械工业出版社,2018.